HEYNE BÜCHER SACHBUCH

In der Reihe Terra X sind außerdem als Heyne-Taschenbuch erschienen:

Rätsel alter Weltkulturen I • *Band 19/53*
Rätsel alter Weltkulturen II • *Band 19/54*
Eldorado • *Band 19/55*
Bilder alter Weltkulturen • *Band 19/206*

Gottfried Kirchner

Terra X
Expeditionen ins Unbekannte

Mumien, Magier, Meuterer

WILHELM HEYNE VERLAG
MÜNCHEN

HEYNE SACHBUCH
Nr. 19/375

Dieser Titel beruht auf der Hardcover-Ausgabe *Mumien, Magier, Meuterer*, erschienen in der Keyserschen Verlagsbuchhandlung, und wurde für die Taschenbuchausgabe in zwei Bände aufgeteilt. Der zweite Band *Vulkane, Wüsten und Ruinen* erscheint im Dezember 1995 unter der Bandnummer 19/392 im Heyne Sachbuchprogramm.

Taschenbuchausgabe im Wilhelm Heyne Verlag
GmbH & Co. KG, München

Printed in Germany 1995
Lektorat: Georg Steinbichler
Umschlagillustration: Jupp Fachinger
Umschlaggestaltung: Atelier Adolf Bachmann, Reischach
Herstellung: Andrea Cobré
Satz: DTP
Druck und Verarbeitung: RMO, München

ISBN 3-453-08765-8

Inhalt

Grabplatte in Form eines Alligators. Alto de los Idolos.

Gottfried Kirchner

Die Geister vom Fluss der Gräber

Indianer-Magie in Kolumbien

Rio Magdalena – Strom des Vergessens

Kolumbien, im Oktober 1913.
Pablo Bastidas, der einzige Lehrer an der einzigen Schule des Dörfchens Calamar, keucht schwitzend hinter seinen Zöglingen her, die in ihrer gestärkten Uniform den rostroten Abhang hinunterkugeln, sich aufrappeln und zwischen Bananenstauden und kräftigen Palmstämmen ihrem Ziel zustreben: dem lehmbraunen Rio Magdalena. »Paßt auf!« ruft Pablo Bastidas schweratmend, »die Krokodile!«.

Einmal pro Woche verlegt er den Unterricht aus dem kleinen Schulgebäude ins Freie, obwohl ihn das unter der Hitzeglocke und bei seinem in satten Jahren zugelegten Übergewicht viel Anstrengung und reichlich Nerven kostet.

Aber Pablo Bastidas ist der Meinung, ein junger Kolumbianer könne nur dann auch ein guter Patriot werden, wenn er immer wieder vor Augen habe, mit welchen Reichtümern Gott das Land gesegnet habe, welch unverdienter Glücksfall es sei, daß sie ausgerechnet am Ufer der »Mutter aller Ströme« leben durften und welche rasante Entwicklung gerade die Gegend um Calamar genommen habe seit jener Zeit, als sich der Nebel der Geschichte lichtete und die ersten Weißen von der Mündung des Rio Magdalena hier heraufkamen.

Das war, so erzählt Bastidas seinen Schülern, im Dezember 1532. Damals hatte der Portugiese Jerónimo de Melo im Auftrag von Königin Johanna die Küste angepeilt und war auf jenen mächtigen, bereits bekannten Strom gestoßen, der sein Süßwasser noch kilometerweit ins Meer hineindrückte.

Melos Steuermann Rodrigo Liaño umschiffte die riesige Sandbank, die vor den *Bocas de Ceniza*, den aschgrauen Mündungsarmen, lag, und segelte dann flußaufwärts. Sie ka-

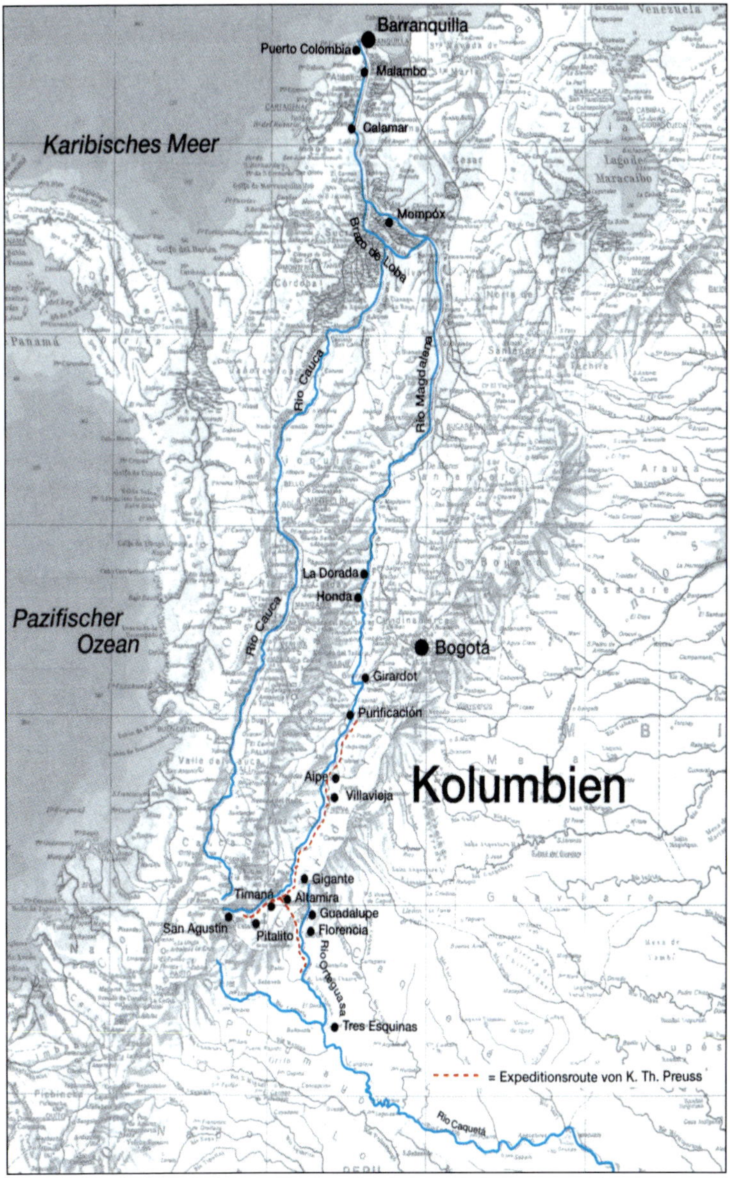
Barranquilla
Puerto Colombia
Malambo
Calamar
Karibisches Meer
Mompóx
Brazo de Loba
Rio Cauca
Rio Magdalena
La Dorada
Honda
Pazifischer Ozean
Bogotá
Girardot
Purificación
Aipe
Villavieja
Kolumbien
Gigante
Timaná
Altamira
Guadalupe
San Agustín
Pitalito
Florencia
Rio Orteguasa
Tres Esquinas
= Expeditionsroute von K. Th. Preuss
Rio Caquetá

men ins Reich der Könige von Malambo, die sie gastfreundlich aufnahmen.

Vor kurzem erst, berichtet Bastidas, habe ihm ein Bauer aus Malambo zwei Figürchen geschenkt, die er auf seinem Zuckerrohrfeld gefunden hatte. Spannenlang, aus gelbbrötlichem Ton und so naturgetreu modelliert, daß selbst der Campesino die Stücke sofort als Jaguar und Eidechse identifizieren konnte. Er schätze sie – Pablo Bastidas verfällt dabei in einen strengen, um Glaubwürdigkeit bemühten Ton – auf über 3000 Jahre; vermutlich hätten die Menschen in Malambo Tiergötter verehrt und kleine Abbildungen von ihnen hergestellt.

Aber – jetzt überschlägt sich seine Stimme fast – es sei eine Schande, wie man in Kolumbien mit den Zeugnissen der ruhmreichen Vergangenheit umgehe. Es gäbe keine Ausgrabungen, keine wissenschaftlichen Untersuchungen, nicht mal eine nationale Sammlung. Schuld daran sei die totale Unwissenheit, deren Beseitigung er sich zur Lebensaufgabe gemacht habe. Jawohl, er, Pablo Bastidas! Aber was helfe das, wenn nicht einmal die Regierung von Bogotá mit einem gezielten Bildungsprogramm das Geschichtsbewußtsein im Lande fördere. »Wenn wir Kolumbianer uns schon nicht um unser historisches Erbe kümmern«, kreischt er gegen den Zikadenlärm an, »dann sollen eben die Europäer ran. Die haben immer den ersten Schritt getan, damals als Eroberer, und demnächst vielleicht als Forscher!«

Geschichte ist Bastidas' Steckenpferd, besonders seit jenem Tag, als sein Großvater das gemeinsame Mittagessen unterbrach und einen engbeschriebenen Zettel neben die Schüssel mit dampfendem *Mondongo* knallte. Dies sei ein

Um 1875 waren die Ufer des Rio Magdalena noch dicht bewaldet. Im Hintergrund ein Champán, *das typische Verkehrsmittel jener Jahre. Zeitgenössische Lithographie.*

Auszug aus mehreren alten Chroniken im Archiv von Cartagena, verkündete er stolz. Er beweise eindeutig, daß die Familie in direkter Linie auf Rodrigo de Bastidas, den großen Entdecker des Rio Magdalena, zurückgehe.

Als sich die erste Überraschung gelegt hatte und die Wochen anhaltende Ergriffenheit der Dienstboten ob der noblen Abkunft ihrer Herrschaft verflogen war, kamen häßliche Gerüchte im Dorf auf.

Da behauptete Don Alirio, der seit Jahren Geschäfte mit deutschen Kaufleuten aus Barranquilla machte und deshalb als besonders weltläufige Respektsperson galt, der alte Bastidas habe dem vertrottelten Archivar in Cartagena einen Beutel mit Goldmünzen zugesteckt, damit er Namen, Geburts- und Todesdaten in der Abschrift manipuliere.

Selbst in der weitverzweigten Familie Bastidas' gab es ein paar schwarze Schafe, die an dem edlen, wie durch ein Wunder aufgeschossenen Stammbaum kratzten.

Nur Pablo, damals zehn Jahre alt, zweifelte keinen Moment an seiner ehrenwerten Herkunft und pflegte, auch über spätere Schicksalsschläge und eine lebenslange Einsamkeit hinweg, den Stolz auf den berühmten Ahnherrn.

Rodrigo des Bastidas, ein Advokat aus Sevilla, und der Kartograph Juan de la Cosa tasteten 1501 mit zwei Schiffen die unerforschte Nordküste Südamerikas ab.

Nachdem sie die Halbinsel Guajira hinter sich gelassen hatten und auch die schneebedeckten Gipfel der bis zu 5775 Meter hohen Sierra Nevada in der Ferne verschwunden waren, gerieten sie plötzlich in eine starke Strömung, die die Meeresbrandung unterlief. Der Ausguck auf dem Vormast konnte deutlich erkennen, wie sich ein breites, gelbliches Wasserband vom Land in den blauen Ozean ergoß.

Die erfahrenen Seeleute sahen sofort, daß sie vor der Mündung eines mächtigen Flusses kreuzten. Man schrieb den 1. April 1501, nach dem christlichen Kalender der Tag, an dem die Katholische Kirche der Bekehrung Maria Magdalenas gedenkt, jener reuigen Sünderin aus der Bibel. Da es bei den spanischen Konquistadoren üblich war, markante Punkte in der Topographie der Neuen Welt oder frisch gegründete Siedlungen mit Heiligennamen zu belegen, bekam auch dieser Fluß flugs seinen Namen: *Rio Grande de la Magdalena.*

So heißt er bis heute, von der Quelle bis zur Mündung. Die Caribe-Indianer hatten seinen Unterlauf *Caripuaña* genannt; das bedeutet soviel wie »großes Wasser«. Der Strom drückte gegen die aus der Gegenrichtung heranrollende Brandung der Karibischen See und bildete an dieser Stelle ein schier unüberwindliches Hindernis für die leichten Nußschalen der Spanier. So wagten Bastidas und Cosa keinen Vorstoß flußaufwärts, sondern setzten ihre Fahrt entlang der Küstenlinie fort.

Pablo Bastidas streifte erleichtert den verschwitzten Vatermörder ab. Seine Warnung vor den Alligatoren war überflüssig gewesen. Der lebhafte Vormittagsverkehr auf dem Strom, der Lärm aus dem kleinen Hafen, die kreischenden Geräusche des Sägewerks und das monotone Hämmern der neuen Dampfmaschine hatten die meterlangen Echsen von ihrem Ruheplatz am flachen Ufer vertrieben. Sie dösten jetzt sicher weiter oberhalb auf den glühenden Sandbänken und warteten stundenlang mit offenem Rachen auf einen Schmetterling.

Ein paar Jungen versuchten, mit abgerissenen Zweigen Treibholz zu angeln. Das sperrige Geäst, in dem sich manchmal tote Tiere verfingen, schwamm nur einen Steinwurf entfernt in der trüben Brühe vorbei.

Für Bastidas' Geschichten aus der Vergangenheit Kolumbiens hatten seine Schüler nichts übrig. Weit interessanter war das Phantom mit der schwarzen Mähne, das sich ab und zu am anderen Ufer zeigte: Eine weißgekleidete Frau, die mit einem Seidenstrumpf winkte.

Erfahrenen Flußkapitäne behaupteten, es handele sich um eine Ertrunkene, die falsche Zeichen gäbe, um die Schiffe in gefährliche Strudel zu locken. Pablo Bastidas aber lehnte es grundsätzlich ab, über Gespenster zu diskutieren, selbst wenn sie am hellichten Tage erschienen.

Auch auf die neugierigen Fragen der Kinder nach der *Villa roja*, dem roten Haus am Hafen, ging er nicht ein. Natürlich hatte der erfreuliche Aufschwung, den das einst so verschlafene Calamar in den letzten Jahren genommen hatte, auch seine Schattenseiten. Doch so umstrittene Einrichtungen wie die *Villa roja* wären besser dort geblieben, wo ihnen der Teufel schon immer einen Stammplatz zugewiesen hatte: in den großen Küstenstädten Santa Marta und Cartagena.

Don Miguel indes, ein quirliger Baske, konnte den Bürgermeister überreden, für reisende Geschäftsleute, die immer öfter einen kurzen Aufenthalt in Calamar einlegte, aber auch für das schwer arbeitende Schiffspersonal, einen Ort der Entspannung und des Vergnügens zu schaffen. Selbstverständlich, versicherte Don Miguel, würden die guten Sitten gewahrt und alles, was möglicherweise den Anstand der braven Bürger von Calamar verletzte, bliebe hinter den Wänden seines Etablissements verborgen.

So wurde über Nacht nahe der Anlegestelle, aber weit genug entfernt von den ersten Wohnhäusern, ein zweistöckiger Pfahlbau hochgezogen. Die Fassade bestand aus unbehandelten Mahagoni-Brettern, die so eng verfugt waren, daß man nicht hineinschauen konnte. Außerdem blieb das untere Geschoß völlig fensterlos, nur im oberen Stock gab es regelmäßige Luken, die mit Fliegenpapier oder Moskitonetzen bespannt waren. Die einzige Tür lag zwei Meter über dem matschigen Uferweg und war über eine breite

Holztreppe erreichbar. Sie wurde rund um die Uhr von zwei vierschrötigen Typen in einer zusammengstückelten Phantasieuniform bewacht, die jedem, der ihnen nicht paßte, den Zutritt verwehrten.

Don Miguel rühmte sich lauthals, eine »Festung der Liebe« geschaffen zu haben, die kein schlüpfriges Geheimnis nach außen dringen lasse. Doch er hatte nicht mit der energischen Natur von Pablo Bastidas' Schülern gerechnet.

Einige Jungen waren an einem lebhaften Wochenende, als gleich drei Dampfer in Calamar festmachten, bei Einbruch der Dunkelheit von hinten an das Haus herangeschlichen. Bis zu den Knien in Schlick und stinkendem Abfall watend, krochen sie zwischen den Stützpfählen hindurch und bemerkten zu ihrer Freude, daß die Bohlen des Fußbodens über ihnen längst nicht so sorgfältig verlegt waren wie die Bretter an der Fassade. Da gab es zahlreiche Spalten und Schlitze, durch die man einen Blick nach oben riskieren konnte. Aber es blieb nicht bei einem. Ein Feuerwerk von unerhörten und nie geschauten Eindrücken zerplatzte in ihren Köpfen und wich dem großen, sehnsüchtigen Staunen. Bedauerlich war nur, daß man den Mädchen in ihren schweren Schlepprröcken nicht zwischen die Schenkel gucken konnte, und richtig unangenehm wurde es, wenn ein Betrunkener sich am Boden übergab oder durch die Ritze nach unten pinkelte.

Das Lieblingsversteck der Jungen flog durch einen dummen Zufall auf. Einer von ihnen war während seiner konzentrierten Beobachtung von einer männerarmdicken Ratte angefallen worden und vor Schmerzen brüllend mit Blut in der Hose nach Hause gekommen.

Doktor Fabiano wusch die tiefe Wunde in der Leistengegend gründlich aus und vernähte sie, konnte aber nicht verhindern, daß der neunjährige Juan von Krämpfen geschüttelt wurde, Fieber bekam und wild zu phantasieren begann. Dabei erfuhren die ahnungslosen Eltern höchst anstößige Dinge, die sie mehr erschreckten als der immer ernster werdende Zustand ihres Kindes.

Bald wußte das ganze Dorf, was in der »Festung der Liebe« vorging, aber da hatte der kleine Juan schon den letzten Atemzug getan, und sein Vater beeilte sich, den brettharten Körper mit den verkrümmten Gliedmaßen und dem widerlich verzerrten Mund in den schmalen Sarg zu zwängen und den Deckel draufzunageln.

Zu Pablo Bastidas' Verwunderung brachte dieser Vorfall die Leute von Calamar nicht gegen das Etablissement und seinen Besitzer auf. Für die meisten war Juan der Sündenbock. Warum hatte der Bursche denn auch aus dem rattenverseuchten Untergrund heraus spioniert? Man lobte Don Miguel, der direkt nach dem Begräbnis eine Reinigungsaktion unter seinem Haus durchführen und den sumpfigen Boden mit soliden Feldsteinen befestigen ließ. Die Lücken zwischen den Pfählen wurden mit Maschendraht geschlossen, und die beiden Dorfpolizisten mußten die Stelle mehrmals kontrollieren. Fortan passierte hier nichts mehr.

Der jeden Bürger von Calamar erschütternde Skandal ereignete sich ausgerechnet zu Beginn der *Semana Santa*. Während Frauen und Schulkinder auf der Uferstraße einen Teppich aus frischen Palmzweigen verlegten, wurde um die »Festung der Liebe« ein Gerüst aus Baumbusstämmen errichtet, das schließlich bis zum Dachfirst reichte.

Wenige Stunden vor der Gründonnerstagsprozession strichen drei Männer, die nachweislich nicht aus dem Ort stammten, das Gebäude in einem flammenden Rot an. Die Maler erzählten, es sei teure Mennige aus einem englischen Fachgeschäft in Barranquilla.

Don Alirio aber versicherte, der Besitzer des Hauses habe im Süden des Landes ein paar alte Weiber gezwungen, Hunderte von *Achote*-Sträuchern zu pflücken, die stacheligen Fruchtkapseln zu öffnen, die Samenkörner mit einem Mahlstein zu zerreiben und den roten Brei mit ihrem Urin zu mischen, nicht nur, um Wasser zu sparen, sondern um der Pflanzenfarbe Salze und Mineralien zuzuführen, die den Holzbau vor Insektenfraß schützen sollten.

Der Spinner Lucho behauptete sogar, die Maler hätten Indianerblut verwendet. Dabei wußte doch jeder, daß es in der Gegend von Calamar schon lange keine Indianer mehr gab.

Pater Simón von der Barfüßerkirche war äußerst empört. Er änderte kurzerhand den Prozessionsweg und ließ die grünen Zweige aus der Uferstraße wieder einsammeln.

Nach der Karwoche suchte ein Gruppe honoriger Bürger den Alkalden auf und erklärte, die signalrote »Festung der Liebe« störe das Ortsbild ganz empfindlich, sie sei ein Schandfleck für Calamar. Seit Generationen habe man hier nur mit strohgelben Adobe-Ziegeln oder roh belassenem Holz gebaut und die vornehmsten Gebäude, wie Kirche und Bank, seien schon immer in traditionellem Weiß gehalten.

Man forderte Don Miguel auf, die scheußliche Farbe umgehend zu entfernen. Unmöglich, meinte der Baske, das englische Produkt habe eine so fabelhafte Konsistenz, daß es sich von keinem Untergrund mehr löse. Dann solle er das Haus eben mit Kalk schlämmen, empfahl der Bürgermeister. Das ginge natürlich, nickte der gewiefte Unternehmer, aber er mache einen anderen Vorschlag: Er wolle die gleiche Summe, die er für einen neuen Anstrich ausgeben müsse, einschließlich der Löhne für die Arbeiter und der Gerüstkosten, in die Gemeindekasse einzahlen.

Dieses unerwartete Angebot wurde eine Stunde lang diskutiert und dann mehrheitlich angenommen, zumal der Baske den versammelten Herrschaften garantiert hatte, Sonne und Regen würden die Farbe im Lauf der Zeit in sanftes Braun verwandeln. Auch Pater Simón schien mit der getroffenen Lösung und den vom Himmel abhängigen Aus-

Der Raddampfer »Bremen« verkehrte zwischen 1900 und 1914 regelmäßig auf dem Rio Magdalena.

sichten zufrieden zu sein, fielen doch in seinen Predigten kaum noch Ausdrücke wie »Sündenpfuhl« oder »Dreckloch«, mit denen er das rote Haus am Hafen früher so gern verdammt hatte.

Seit diesen Tagen wurde das Etablissement nur noch *Villa roja* genannt, obwohl der landeskundige Don Alirio versicherte, sie halte einem Vergleich mit den Bankpalästen und Salons in Barranquilla und Bogotá nicht stand.

Anders, als ihr Besitzer versprochen, verblaßte der rote Signalton keineswegs, sondern bewahrte über viele Jahre eine erstaunliche Leuchtkraft. die *Villa roja* blieb ein unübersehbarer Anziehungspunkt für Männer auf der Durchreise und verfolgte Pablo Bastidas' Schüler bis in ihre unruhige Träume hinein.

Der Lehrer schreckte auf, als ihn eine nasse Hand am Hals berührte. Er mußte wohl eingenickt sein, kein Wunder bei diesen Temperaturen. Bereitwillig ließ er sich von den Kindern hochziehen, vertrat sich kurz die kribbelnden Beine und folgte ihnen bis vor das Ufergebüsch, wobei das Wasser unter seine Gamaschen in die Stiefel drang. »Schauen Sie«, schrien die Schüler aufgeregt, »ein fremdes Schiff!«

Majestätisch zog der Raddampfer stromaufwärts. An Bord war nur eine Handvoll Passagiere zu erkennen. Die meisten Fahrgäste hatten sich in ihre Kabinen verkrochen oder ruhten in Hängematten, die an den Eisenpfeilern des Zwischendecks befestigt waren. Pablo Bastidas und die Kinder vernahmen das Brummen der Dampfmaschine und das gleichmäßig klatschende Geräusch, mit dem die horizontalen Bretter des riesigen Schaufelrades ins Wasser eintauchten und eine lehmbraune Gischtkrone aufwirbelten.

Die ersten Schiffe auf dem Rio Magdalena hatten, nach dem Vorbild der legendären Mississippi- und Ohio-Dampfer, auf beiden Seiten je ein Schaufelrad, das von einem holzgeheizten Dampfkessel betrieben wurde. Aber diese Konstruktion erwies sich in den Tropen schon bald als untauglich, gab es hier doch weit mehr Treibholz als auf jedem nordamerikanischen Fluß. Die vollgesogenen, manchmal eisenharten Baumstämme oder sperrige Wurzelstrünke verhakten sich leicht in den Seitenrädern, zerbrachen die Schaufeln und konnten ein Schiff völlig manövrierunfähig machen. So versetzte man das Antriebsrad nach achtern, wo das breite Heck ausreichenden Schutz bot.

Offenbar hatte der Kapitän die winkenden Kinder am Ufer gesehen, denn er sandte mit dem Tuthorn einen lautstarken Gruß herüber. Unterhalb der Kommandobrücke mit ihrem lustigen Pagodendach war ein breites Schild angebracht, auf dem in großen Lettern ein unbekanntes Wort geschrieben war. Nur mühsam konnten es die Schüler buchstabieren: »BREMEN«.

Fahrgäste auf dem Oberdeck.

Pablo Bastidas erklärte, das sei ein Stadt in Deutschland. Zugegeben, auf dem hitzeflirrenden Strom und vor der Kulisse der schlanken *Unama-Palmen* wirkte der Name befremdend, exotisch, ja deplaziert.

Aber er war zu jener Zeit in Kolumbien nichts Ungewöhnliches. Noch andere Schiffe mit ausgefallenen Namen fuhren auf dem Rio Magdalena: Die »Alemania«, »Werder«, »Moltke«, »Bismarck«, die »Christian«, »Lotte«, »Hamburgo«, »Gieseken-Held No. 1« und »No. 2«. Sie gehörten tüchtigen Reedern, die in einigen größeren Städten des Landes bedeutende Niederlassungen gegründet hatten. Die bekanntesten Firmen hießen »Frühling & Goschen«, »Alexander Weckbecker«, »Louis Gieseken«, »Compañía Alemana«, »Hönisberg & Wessels«. Diese Gesellschaft erscheint 1870 als wichtigster Steuerzahler in den Finanzbüchern von Barranquilla.

Der ausgezeichnete Ruf, den die deutschen Unternehmer genossen, beruhte nicht nur auf dem gepflegten Zustand und der gründlichen Wartung ihrer Dampfer, auf der Pünktlichkeit bei Abfahrt und Ankunft oder auf dem sorgfältig ausgewählten Personal, das den Dienst an Bord versah. Hinzu kam eine lange Tradition. Schließlich war es ein Deutscher gewesen, der die Dampfschiffahrt auf dem Rio Magdalena überhaupt erst eingeführt hatte: Johannes Bernhard Elbers.

1776 in Mülheim am Rhein geboren, begeisterte er sich als junger Mann für den Freiheitskampf der südamerikanischen Provinzen gegen Spanien und reiste mit einem beachtlichen Vermögen in der Tasche nach Kolumbien. Nachdem das Land unabhängig geworden war, kümmerte sich Elbers um seinen wirtschaftlichen Aufschwung. Der konnte nur über den Rio Magdalena kommen, die wichtigste Verkehrsader. Bisher erfolgte der Austausch von Waren mit Hilfe primitiver Boote, den *Champánes*. Reine Zeitverschwendung und gefährlich dazu, urteilte Elbers.

Er schlug dem Kongreß in Bogotá vor, Dampfschiffe ins Land zu holen, wie es sie schon in Europa und Nordamerika gab, und später auf eigenen Werften neue Modelle zu bauen. Der Plan wurde begeistert aufgenommen, und per Gesetz vom 2. Juli 1823 erhielt »Juan Bernardo Elbers für die Dauer von zwanzig Jahren das alleinige Sonderrecht für die Schiffahrt auf dem Rio Magdalena«.

Doch der weitsichtige Pionier hatte kein Glück mit seinem Unternehmen. Zwar konnte er im Januar 1824 Kolumbiens Flagge auf dem ersten Dampfer hissen, der die »Mutter aller Ströme« durchfurchen sollte. Ein primitiver Kasten namens *Fidelidad*, angetrieben von 40 Pferdestärken. Nach nur sechs Monaten mußte er an den Hersteller zurückgegeben werden, weil er zu starken Tiefgang hatte. Weitere Schiffe strandeten oder gingen unter.

Bald war das großzügige Privileg für Elbers nicht mehr das Papier wert, auf dem es stand. Neider und Konkurrenten traten gegen ihn auf. Sie warfen der Regierung vor, die für die Interessen des Landes überaus wichtige Verkehrsentwicklung einem Ausländer anvertraut zu haben, obwohl Elbers schon lange die kolumbianische Staatsbürgerschaft besaß und eine Dame aus den besten Kreisen Bogotás geheiratet hatte.

Ein Prozeß jagte den anderen, mal wurde Elbers sein Sonderrecht aberkannt, dann wieder zugesprochen. Schließlich griff Simón Bolívar, legendärer Freiheitsheld und Präsident Kolumbiens, persönlich in die Auseinandersetzungen ein und erklärte die Dampfschiffahrt auf dem Magdalena für frei. Das hieß, jeder Privatmann und jede Gesellschaft durfte sich daran beteiligen, das nötige Kapital vorausgesetzt. Ernsthafte Bewerber ließen allerdings auf sich warten.

Trotz vieler Enttäuschungen und schwerer Verluste baute Elbers auf einer Werft in Barranquilla sein erstes eigenes Schiff, das er zu Ehren seiner Frau Susana Pizano *Susana*

Karibische Schönheit von der »BREMEN«.

taufte. Es wurde wegen Motorschadens aufgegeben und sank mitten im Fluß.

Elbers zog sich schließlich ganz aus dem Reedergeschäft und auch vom Rio Magdalena zurück. Er wollte noch einmal etwas völlig anderes machen, kaufte nahe dem alten Indianerzentrum Simití eine Plantage und pflanzte Tabak an. Am 4. August 1853, während der Arbeit, brach er tot auf dem Feld zusammen.

Wer denkt noch an Johann Bernhard Elbers, fragte sich Pablo Bastidas. Und wer kennt all die anderen Namen, die dem Fluß einst so eng verbunden waren: die bronzehäutigen Könige von Malambo oder Rodrigo de Bastidas, der ihn für Spanien entdeckt hatte? Auch an die »Bremen«, die langsam hinter einer Biegung verschwand, würde sich bald keiner mehr erinnern. Am Rio Magdalena, dem Strom des Vergessens, hatte nichts Bestand.

Der Mann aus Berlin

Pünktlich um 10.30 Uhr wurde das Frühstück an Bord der »Bremen« serviert. Auf dem Zwischendeck herrschte um diese Zeit schon lebhaftes Gedränge. Besorgte Mütter in feinem Musselin banden ihren Kindern ein Lätzchen unter das Kinn oder wischten ihnen Eigelb von den Fingern. Viehhändler aus den Llanos, die prallen Geldkatzen um den Bauch oder über der Schulter, lehnten am gedrechselten

Holzgeländer und prahlten mit ihren Geschäftsabschlüssen.

Als Monsignore Oviedo das Gelächter der drei Kokotten hörte, zog er den flachen Hut vor die rechte Gesichtshälfte und ging schnellen Schrittes an ihnen vorbei. Ihr aufdringliches Parfüm hing noch lange in seiner Nase. Wanderhuren, dachte er pikiert, unterwegs zu den großen Festen im Landesinnern. Und das ausgerechnet auf dem Rio Magdalena, der den Namen der frommen Sünderin trug! Aber die Wege des Herrn waren unerforschlich, und sie hatten den grell geschminkten Mädchen auf dem Unterdeck, wo sie eigentlich hingehörten, wohl auch jene Gruppe von Offizieren zugeführt, die sie zum Frühstück nach oben gebeten hatte.

Der kleine Mulatte balancierte sein Tablett vorsichtig zwischen den Rücken und Bäuchen der Herrschaften hindurch. Ohne etwas zu verschütten, erreichte er den vordersten Teil der Reling, wo ein Mann mittleren Alters in einem Liegestuhl Platz genommen hatte und in einem Buch las. »Wohl bekomm's!« sagte der Junge und stellte die Tasse mit heißer Schokolade auf der Armlehne ab. Der Mann schaute hoch, nahm die Nickelbrille ab und dankte lächelnd.

Konrad Theodor Preuss mit 50 Jahren.

Konrad Theodor Preuss ist Ethnologe mit einem angesehenen und gut dotierten Arbeitsplatz am Museum für Völkerkunde in Berlin.

Er wurde am 2. Juni 1869 in Preußisch-Eylau (Ostpreußen)

geboren, besuchte später das Altstädtische Gymnasium zu Königsberg und studierte an der dortigen Universität Geographie und Geschichte. Nach seiner Promotion zum Dr. phil. geht Preuss nach Berlin und belegt an der Friedrich-Wilhelm-Universität die Fächer Geographie und Völkerkunde. Erste praktische Erfahrungen macht er seit 1895 als Volontär am Museum für Völkerkunde, wo er Assistent von Professor Eduard Seler wird, einem Experten für die alten Kulturen Mittelamerikas.

Folgerichtig unternimmt Preuss seine erste eigene Forschungsreise nach Mexiko. Als Ethnologe interessieren ihn dort weniger die Ruinen der Maya und Azteken. Er beschäftigt sich mit der Sprache, den Bräuchen und Traditionen von Indianern, die noch unberührt vom Einfluß der Weißen leben, wie die Cora, Huichol und Mexicano. Preuss versucht, in ihre »ungeschriebene Literatur einzudringen« und macht dabei eine auch für seine späteren Arbeiten wichtige Erfahrung: Es ist sinnlos, »von Stamm zu Stamm zu hasten. Selbst ein nach Wochen zu zählender Aufenthalt unter den Eingeborenen genügt dazu nicht. Das Ideal ist vielmehr ein Jahr Aufenthalt bei einem jeden Stamme, um den Turnus aller Jahresfeste beobachten zu können.«

Fast zwei Jahre, zwischen 1905 und 1907, lebt Preuss mitten unter den Indios und schreibt mit Hilfe eines eingeborenen Dolmetschers, der etwas spanisch spricht, ihre Mythen und Erzählungen auf. Ergebnis dieser entbehrungsreichen Expedition sind ein stattlicher Textband, eine Grammatik und ein Wörterbuch der Cora-Sprache. Diese Publikationen verschaffen Preuss in Fachkreisen einen ausgezeichneten Ruf.

Drei trockene Schüsse, kurz hintereinander, zerreißen die gewohnte Geräuschkulisse an Bord. Der Mann aus Berlin fährt aus seinem Liegestuhl hoch. »Keine Sorge«, meint

Monsignore Oviedo und legt ihm die Hand auf die Schulter, »unsere Armee übt mit lebenden Zielscheiben«. An der dem Ufer zugewandten Schiffsseite drängen sich aufgeregte Fahrgäste um die Offiziere, die gerade mit einem verlegenen Grinsen ihre Karabiner abstellen. Nach dem ersten Schuß, der nicht saß, sind die beiden Krokodile blitzschnell in den Fluß abgetaucht.

Die Jagd auf Alligatoren gehörte zu den unvorhersehbaren Höhepunkten der eher eintönigen Reise auf einem Magdalena-Dampfer.

Das Unterhaltungsprogramm an Bord war dürftig. Auf den Luxusschiffen sorgten eigene Orchester mit Marschmusik und Tanzweisen für Zeitvertreib. Die »Bremen« hatte nur einen wuchtigen Automaten, in den der Steward auf Wunsch der Ersten-Klasse-Passagiere flache, runde Metallplatten hineinschob. Dann wehten Mazurka- und Walzerklänge über den Strom.

Händler in ihren Champánes, *den Zedernholzbooten mit dem Unterschlupf aus Palmstroh.*

Der italienische Vermessungsoffizier Agostino Codazzi (1793-1858), der die ersten Zeichnungen von den Monumenten in San Agustín lieferte.

Sonst gab es kaum Abwechslung. Meilenweit die unverändert lehmfarbene Wasserstraße, der gleiche ausgefranste Horizont. Nur ab und zu eine schilfgedeckte Hütte oder ein paar Zebu-Rinder, die bis zum Bauch in der trüben Brühe standen. Manchmal ein kurzer Grußwechsel mit den Händlern, die in ihren vollbeladenen *Champánes* vom Markt heimkehrten. Diese 15 bis 20 Meter langen flachen Boote aus Zedernbrettern mit ihrem halbrunden Dach aus Palmstroh wurden durch Rudern oder Staken bewegt und waren vor Einführung der Dampfschiffe das einzige Verkehrsmittel auf dem Rio Magdalena. Vor Antritt der Fahrt pflegte man grundsätzlich sein Testament zu machen, brauchte man doch allein für die Strecke von Barranquilla nach Honda, etwa 900 Kilometer, fast zwei Monate!

Jetzt, im Jahre 1913, ging das natürlich alles viel schneller und komfortabler. Wäre da nur nicht diese lähmende Monotonie gewesen. Auch die häufigen Stops an kleinen, provisorischen Anlegestellen boten nach einigen Tagen nichts Neues mehr. Dort waren mächtige Holzstöße aufgestapelt, die, nach Einigung über den Kaufpreis, von den Schiffsjungen abgetragen und ins Unterdeck der »Bremen« verfrachtet wurden. Die zerkleinerten Urwaldstämme dienten als Brennmaterial für die Heizkessel.

»Sie scheinen sich nicht zu langweilen.« Neugierig musterte Monsignore Oviedo das Buch, das auf dem Leintuch des Liegestuhles lag. Preuss reichte es ihm. Es war ein Werk über die verschiedenen Landschaften Kolumbiens, von dem Geographen Felipe Pérez verfaßt und 1863 in Bogotá erschienen. »Besonders interessant ist der Anhang«, meinte der Deutsche. Nach einigem Blättern hatte Oviedo die Stelle gefunden. *Die Altertümer der Eingeborenen* stand da. Und: *Ruinen von San Agustín, beschrieben und erklärt von A. Codazzi.*

Agostino Codazzi, ein italienischer Ingenieur, hatte im Auftrag der Regierung von 1849 bis 1858 weite Regionen des Landes bereist und kartographisch vermessen. Nach seinen Angaben und dem genauen Wegeverzeichnis, das er angelegt hatte, wurden die ersten modernen Kartenblätter Kolumbiens im Maßstab 1:810 000 gezeichnet.

1857 war Codazzi nach San Agustín gekommen, einem winzigen Dorf im Süden, nahe den Quellen des Rio Magdalena. Was er dort sah, beeindruckte ihn so sehr, daß er es sofort zu Papier brachte: unterirdische Tempel und mächtige Statuen aus Stein, die ein »geheimnisvolles Heiligtum

Skizzenblatt von Agostino Codazzi.

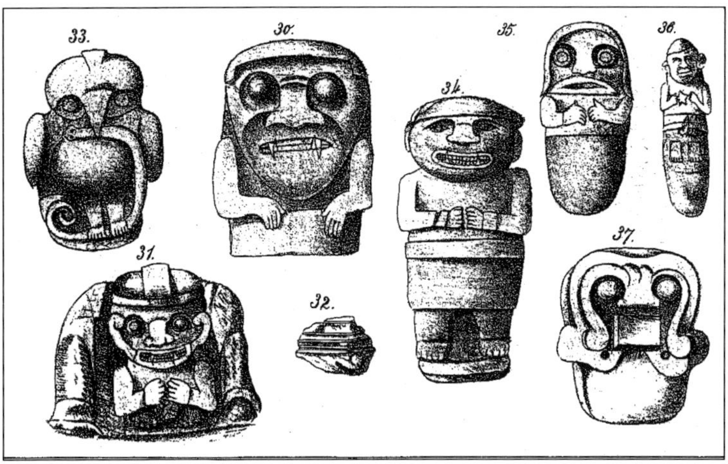

gleich Wachtposten für die Ewigkeit umringten.« Codazzi glaubte, die Andaquíes-Indianer, die zu seiner Zeit in den Urwäldern des Amazonasbeckens lebten, hätten die Anlage geschaffen. Irgendwann seien sie von unbekannten Kriegern aus ihrer gebirgigen Heimat in die tropische Tiefebene vertrieben worden.

Der Italiener, dessen Arbeit eigentlich militärischen Zwecken dient, entschuldigt sich gegen Ende seiner schmalen Abhandlung für seine »schnelle und oberflächliche Untersuchung« der rätselhaften Steinfiguren und hofft, daß »Antiquitätenhändler« demnächst gründlicher unter den Ruinen aufräumten.

Als der Monsignore das liest, muß er lachen. »Ich nehme an, Sie sind Wissenschaftler.«

Preuss nickt. »Ethnologe. Aber wenn es sein muß, greife ich auch zu Schaufel und Spitzhacke.«

Er verschweigt, daß es, außer der Anregung durch das Büchlein, noch andere Gründe für die Expedition nach Kolumbien gibt. Seinem Vorgesetzten gegenüber, dem namhaften Kunsthistoriker Wilhelm von Bode, führt Preuss zunächst sein Alter an. Mit 44 könne er gerade noch die Strapazen einer längeren Forschungskampagne im Ausland auf sich nehmen. Außerdem wolle er dem Treiben eines gewissen Saville aus den Vereinigten Staaten, der im Norden Ecuadors rücksichtslos Gräber ausraube und in einem einzigen Jahr Goldfunde im Wert von einer Million Reichsmark gemacht habe, einen Riegel vorschieben.

Der Generaldirektor der Berliner Museen unterschreibt den Reiseantrag und bewilligt von den für anderthalb Jahren veranschlagten Kosten 20 000 Mark.

Preuss kümmert sich um jede Kleinigkeit. Er korrespondiert mit dem Auswärtigen Amt wegen zollfreier Einfuhr seines Gepäcks nach Kolumbien und Ecuador, bittet die Deutsche Bank um einen Kreditbrief, der auf einige größere

Städte in diesen beiden Ländern ausgestellt werden soll, kündigt dem Kaiserlich-Deutschen Konsulat in Barranquilla eine Lieferung von Spezialpapier an und bestellt selbst Filme und Platten, »jeweils mit Tropenemulsion in Blechbüchsen verlötet«, für einen Fotoapparat, der ihm nachgeschickt wird.

Im September 1913 besteigt Preuss in Antwerpen einen Ozeandampfer und erreicht einen Monat später Puerto Colombia, damals ein wichtiger Seehafen an der Karibik, für ihn das Tor zum Abenteuer seines Lebens.

»Wir sind gleich in Mompóx«, weckt ihn Monsignore Oviedo aus seinen Erinnerungen.

Mompóx wurde kaum noch von großen Schiffen angefahren. Seit den sechziger Jahren des vorigen Jahrhunderts war der Flußarm, an dem die Stadt lag, immer mehr versandet. Die meisten Dampfer nahmen jetzt ihren Weg durch den *Brazo de Loba*, der sich mit dem Rio Cauca vereinigte und einen gleichmäßig hohen Wasserstand hatte. Nach un-

Bei Einbruch der Dunkelheit macht die »BREMEN« in Mompóx fest.

erwartet starken Regenfällen wählte der Kapitän der »Bremen« jedoch die kürzere Strecke und präsentierte seinen Passagieren, nicht ohne Stolz, die einstige Perle des Rio Magdalena. Noch immer trug Mompóx den Namen eines Indianerhäuptlings, der den spanischen Konquistadoren geholfen hatte, an dieser verkehrsmäßig günstigen Stelle eine Siedlung anzulegen.

Am 3. Mai 1537 gründete Alonso de Heredia als Vertreter des Gouverneurs von Cartagena auf dem Territorium der Malibúes und mit tatkräftiger Unterstützung ihres Anführers *Mompoj* Santa Cruz de Mompóx. Jahrhundertelang

Bogotá um 1880. Zeitgenössische Lithographie.

war die Stadt ein wichtiger Stützpunkt auf dem langen Weg durch die Provinz Neugranada.

Der berühmte Naturforscher Alexander von Humboldt hielt sich vom 25. April bis 5. Mai 1801 in Mompóx auf. Er sah »eine wohlgebaute Stadt mit 14 000 Einwohnern, regelmäßigen Gassen, hübschen viereckigen Plätzen und vielen Kirchen«. Der Ort war noch immer ein blühendes Wirtschaftszentrum. »Man macht hier mehr Geschäfte als in Cartagena«, schrieb Humboldt, »Mompóx versorgt das ganze innere Vizekönigreich mit Waren.«

Aber er vermerkt auch negative Eigenschaften: »Mompóx ist einer der heißesten Orte in Amerika. Dazu der Krokodilgeruch! Wenn abends, von sieben, acht Uhr an, die Mädchen Wasser schöpfen und die Krokodile, das Menschenfleisch riechend, sich der Mole nähern, glaubt man oft, es sei eins im nächsten Zimmer, so heftig ist der Moschusgestank.«

Trotz Hitze und Moskitos hat Humboldt in Mompóx eifrig gearbeitet, »über ein Dutzend junge Krokodile zerschnitten, ihre Anatomie gezeichnet und sorgfältige Versuche über die Atmung der Tiere angestellt.«

Konrad Theodor Preuss erlebte eine Stadt im Dornröschenschlaf. Zwar rührte ihn die Herzlichkeit der Bewohner, die am Ufer zusammengelaufen waren und die Ankunft der »Bremen« wie ein Jahrhundertereignis feierten, obwohl nur ein Passagier das Schiff hier verließ. Aber von den alten Kolonialhäusern fiel der Putz ab, Fenster mit prächtigen Sandsteinrahmen waren mit Brettern vernagelt, und die schweren Portale aus eisenbeschlagenem *Ceiba*-Holz zeigten klaffende Risse. Zahlreiche Arbeitslose lungerten an der Promenade und die Schreiner staubten verzweifelt die Korbstühle vor ihrer Werkstatt ab, die an der Sonne dorrten, ohne einen Käufer zu finden.

Mompóx, das Juwel des Rio Magdalena, glänzte schon lange nicht mehr. Es war durch eine Laune der Natur von der Hauptverkehrsroute abgeschnitten worden und hatte damit die Quellen seines Wohlstands verloren. Langsam versank es im Treibsand der Geschichte.

Neun Tage ist die »Bremen« jetzt unterwegs.

Bei La Dorada ändert sich die Landschaft. Hohe Sandsteinfelsen säumen den Fluß, in dunstiger Ferne ragt die Zentralkordillere auf. Kurz vor Honda machte die »Bremen« in dem kleinen Hafen Caracolí fest. Die Fahrt war hier vorerst zu Ende, bedingt durch die berüchtigten Stromschnellen, zwischen denen das Wasser mit einer Geschwindigkeit von vier Metern pro Sekunde hindurchschoß und die für größere Schiffe unpassierbar waren. Deshalb hatte man 1882 am flachen Westufer des Magdalena eine Eisenbahnlinie gebaut, die das Hindernis umging. Die Passagiere der »Bremen« konnten in Caracolí den Zug nehmen und brauchten nur ein kurzes Stück bis Arrancaplumas, gleich oberhalb von Honda, zu fahren, wo sie den nächsten Dampfer bestiegen.

Vor der Weiterreise nach Süden aber muß Preuss noch einen Abstecher machen, sieben Stunden mit der Bahn hoch in die Berge, zur Hauptstadt Bogotá. Hier ergänzt er seine Ausrüstung, beschafft sich Genehmigungen und Empfehlungsschreiben für seine Forschungen, spricht mit Vertretern der deutschen Gesandtschaft. Sogar der Präsident Kolumbiens, Carlos E. Restrepo, empfängt ihn, läßt sich von seinen Plänen berichten und sichert ihm wohlwollende Unterstützung zu. Das Wichtigste aber: Preuss findet in Bogotá einen zuverlässigen Helfer, den zwanzigjährigen Telésforo Gutierrez. »Er ist auf allen meinen Wegen in Kolumbien mein einziger, treuer Begleiter gewesen«, schreibt er später dankbar.

Preuss und Telésforo am Rand der Wüste Tatacoa.

Zusammen mit Telésforo erlebt er noch einmal »ein gutes Stück Reiseromantik« auf dem Magdalena, bis sie dann in Purificación den Strom endgültig verlassen.

Auf die bequeme Flußfahrt folgt jetzt ein sehr viel mühsamerer Fußmarsch. Zunächst muß das umfangreiche Gepäck auf sechs Maultiere verteilt werden, die sie auf dem Viehmarkt des Dorfes gekauft hatten. Weiß Gott keine leichte Übung! Einige Mulis scheuten, liefen davon und mußten wieder eingefangen werden. Nachdem ihnen die Einwohner erklärt hatten, daß man dem Tier vor dem Beladen mit einem Tuch die Augen verdeckt, damit es ruhig bleibt, und nachdem sie die nötigen Handgriffe kannten, mit denen man Koffer und Kisten auf dem Packsattel befestigt, schafften sie es schließlich. Auch wenn sie die störrischen Vierbeiner später noch oft verfluchten, kein anderes Tier war so ausdauernd, trittsicher und zuverlässig wie eine Mula.

Auf der alten Route der spanischen Eroberer ziehen sie nach Süden, immer den Fluß entlang, und erreichen bei Villavieja den Rand der Tatacoa, einer 110 Quadratkilometer großen Binnenwüste, wie man sie sich in der recht fruchtbaren, von Wasseradern durchflossenen Gegend eigentlich gar nicht vorstellen kann. Vielleicht führte ein besonderes Mikroklima zu diesem sichtbar gewordenen Protest der Natur, der allen anderen Ökosystemen im Umkreis widerspricht. Den einzigen grünen Streifen in der grauen

An der Piedra pintada, *dem »bemalten Stein«.*

Tal des Rio Magdalena zwischen Hobo und Gigante. Im Hintergrund die Zentralkordillere.

Einöde setzen die Kandelaberkakteen. Wenn im März kurze, heftige Regengüsse das lockere Erdreich wegschwemmen, tauchen Fossilien längst ausgestorbener Tiere auf, etwa die Wirbel eines Riesengürteltiers oder die Flossen eines Fischsauriers. Am späten Nachmittag bilden sich so dichte Staubstürme, daß die Eulen ihre Wohnhöhlen verlassen, weil sie meinen, es sei bereits Nacht. Dann bleiben selbst die Schlangen und giftigen Coya-Spinnen unter den schützenden Felsbrocken. Die Erosion hat aus dem braunen und rötlichen Gestein Säulen, Mauern und Durchgänge herausgenagt, ein bizarres Labyrinth, das den Ruinen einer vom Erdbeben zerstörten Stadt gleicht.

Am anderen Ufer des Rio Magdalena liegt ein kolossaler Granitblock. Er wurde von Menschenhand bearbeitet. Auffallenderweise haben die unbekannten Künstler indianischer Herkunft aber nur die dem Fluß zugewandte Fläche für ihre versenkten Reliefs gewählt, die Rückseite blieb leer.

Dicht neben-, über- und untereinander hat man schon vor Jahrhunderten geometrische Muster, Strichmännchen, aber auch Figuren mit plastischem Körper eingemeißelt. Besonders merkwürdig sind die völlig ausgekerbten Flächen in Form großer Herzen oder Schmetterlinge mit ausgebreiteten Flügeln. Stellen Sie vielleicht jene Vogelmenschen dar, welche die Indianer zwischen Rio Cauca und Magdalena einst aus Goldblech schnitten und als Brustschmuck trugen? Die Bedeutung der Motive läßt sich genauso wenig klären, wie die Frage nach den Werkzeugen, die hier benutzt wurden. Und dann gibt es da noch ein Rätsel: Die Anwohner nennen den verzierten Granitblock seit Generationen *Piedra pintada*, den »bemalten Stein«. Heute sind keine Farbspuren mehr zu sehen. Aber wenn die Bilder auf dem Felsen tatsächlich vor langer Zeit in Rot, Gelb, Blau und Weiß leuchteten, unterstrich das nur seinen Zweck als Kultstätte.

Küche der Finca in San Agustín, wo Preuss und sein Helfer Quartier finden.

Als die Maultierkarawane den steilen Serpentinenpfad vor Gigante geschafft hat und am Scheitelpunkt eine Rast einlegt, bietet sich Preuss und Telésforo ein phantastisches Panorama:

In der Abendsonne glänzt der Rio Magdalena wie eine verlorene Goldader. Sein Bett ist schmaler geworden, immer dichter rückt das Zentralmassiv der Kordillere heran. Ein scharfkantiger Riegel hinter dem anderen, die unteren noch resedagrün überzogen, die höheren völlig kahl, dazwischen tiefe Täler. Wenn man an dieser Stelle einen Schnitt durch die Erde machte, überlegt Preuss, hätte man ein Profil, das wie ein locker zusammengeschobenes Tischtuch mit unregelmäßigen Falten aussähe. Oder wie ein wildbewegter Ozean, der durch Zauberhand erstarrt war.

Sie hatten jenen Teil des Magdalena erreicht, den die Indianer einst *Guacacallo* nannten, »Fluß der Gräber«. Von ihrem Ziel trennte sie ein letztes Hindernis, die mächtige

Felsbarriere hinter Pitalito, um die sich tief unten der junge Fluß windet. Dann endlich, nach sechzehn Tagen, kamen sie nach San Agustín und quartierten sich auf einer Finca am Rand des Dorfes ein.

San Agustín war um 1608 von Augustinermönchen gegründet worden, daher sein christlicher Name. Die Padres wollten hier die Andaquíes missionieren, einen aufsässigen Indianerstamm, der die spanischen Besatzer immer wieder in blutige Gefechte verwickelte. Schon die ersten Eroberer hatten sich mit ihnen herumgeschlagen und feststellen müssen, daß sie sich nicht so leicht »befrieden« ließen, wie andere Völker. Damals entstand in den Gebirgstälern am Oberen Magdalena die Redensart: »Der beste Indio liegt vier Meter unter der Erde.«

Sebastián de Belalcázar, der mit gut ausgerüsteten Truppen aus Ecuador nach Norden gestoßen war, um das sagenumwobene *Eldorado* zu finden, befahl seinem Hauptmann Pedro de Añasco, mit einer kleinen Streitmacht auf dem Gebiet der Andaquíes zurückzubleiben und eine Militärbasis anzulegen. Am 18. Dezember 1537 gründete Añasco die Siedlung Timaná. Obwohl die spanischen Chronisten diese

Preuss begegnet auf dem Dorfplatz von San Agustín 14 Steinfiguren, die er mit seiner Plattenkamera fotografiert.

Erkundungsritt in die Berge um San Agustín.

Ereignisse ausführlich beschreiben, erwähnen sie mit keinem Wort die Gegend um das spätere San Agustín, das nur vierzig Kilometer von Timaná entfernt ist. Die Konquistadoren sind also nie dort hin gekommen.

Das Dorf mit dem Heiligennamen ist umzingelt von einer Armee steinerner Ungeheuer aus heidnischer Vorzeit. Vierzehn von ihnen haben die Einwohner bereits von den Hügeln geholt und auf dem Platz vor der Kirche in Reih und Glied aufgestellt. Die größten sind fast zwei Meter hoch. Einige Figuren haben menschliche Gesichter; über dem Kopf wölbt sich ein regenbogenförmiger Haarkranz oder ein Federschmuck. Andere schockieren den Betrachter mit hervorquellenden Augen und Raubtierzähnen. Am seltsamsten wirken jene Statuen, denen eine zweite, kleinere Person aus dem Kopf wächst.

Preuss macht Aufnahmen mit seiner Plattenkamera und schreibt, tief beeindruckt, nach Berlin: »Wir fühlen uns wie von etwas Unheimlichem, Unfaßbaren berührt, als ob die Menschheit uns eine neue, bisher unbekannte Seite zeigen wollte.«

Die Leute aus dem Dorf erzählen, fremde Schatzsucher hätten bereits viele Skulpturen weggeschleppt und ganze Tempel zerstört. Schon Codazzi klagte, dieses habgierige Gesindel sei auf die Schnapsidee gekommen, im Innern der Figuren gäbe es einen Hohlraum, in dem die Indianer Gold versteckt hätten. In ihrem Wahn griffen sie sogar zu Sprengstoff.

Preuss erfährt aber auch, daß die meisten Monumente noch in den Wäldern verborgen oder in der Erde vergraben seien. Zusammen mit Telésforo geht er auf Erkundung. Die Mulis sind nur mit der Reisekamera, dem Stativ, Zeichenmaterial, Karten und den Proviantkörben bepackt. Sie kommen an Pflanzungen mit Kakao, Zuckerrohr und Mais vorbei. Das Klima ist angenehm, weder zu heiß noch zu kühl. Ringsherum sanftrunde, blaue Berge. Die Einheimischen nennen sie »schlafende Schönheit«. Sie wissen nicht, daß einige von ihnen, wie der Cerro de la Pelota oder der Alto del Purutal, die Kegel erloschener Vulkane sind, die noch nach der Eiszeit aktiv waren.

Bald liegt San Agustín unter ihnen, wie eingekesselt auf 1630 Meter Höhe. Preuss schreibt später: »Man verliert sich hier in eine Sackgasse, als ob man am Ende der Welt sei.« Er erkennt schon nach kurzer Zeit: Dieses Land am Ende der Welt wurde irgendwann von Menschen total auf den Kopf gestellt. Die Indianer haben buchstäblich Berge versetzt, Hügel abgetragen und Senken mit Erdreich aufgefüllt. So entstanden künstliche Terrassen und planierte Flächen, gigantische Plätze, auf denen sich ihre meterhohen Steinbilder frei erheben konnten.

Später hat man solche prominenten Stellen als *Mesita*, »Tischchen«, bezeichnet; dieser Ausdruck wurde auch von den Archäologen übernommen.

Dann sehen sie die wenigen Figuren, die noch aufrecht stehen. Da ist zum Beispiel ein mannshoher Adler, der mit Schnabel und Krallen eine Schlange packt. Ging es dem unbekannten Bildhauer hier um bloße Naturbeobachtung, wie man sie noch heute in den Bergen bei San Agustín machen kann? Oder wollte er den ewigen Kampf zwischen den Mächten des Himmels und der Erde darstellen? Adler und

Figur eines Adlers, der eine Schlange mit Schnabel und Klauen festhält.

Oben: Korallennatter (Micrurus corallinus).
Unten: Zauberpriester, der eine sich windende Schlange hält.

Kondor wurden im alten Amerika als Boten des Lichtes verehrt und galten als Zeichen der Stärke. Die Schlange war ein Symbol für den mythischen Ursprung der Menschen und die Schöpfung aus der Unterwelt.

In den Wäldern um San Agustín wimmelte es von Schlangen. Man fürchtete vor allem die auffällig gefärbte Korallennatter, von der es eine harmlose (*Falsa coral*) und eine äußerst giftige Art gibt. Die Indianer nannten sie den »schnellen Tod«.

In dieser gefährlichen Zone ragt die Statue eines Mannes auf, der ein solches Reptil in beiden Händen hält. Er hat einen für seinen gedrungenen Körper viel zu großen Kopf, an dessen Unterkante das gefräßige Maul einer Raubkatze vorspringt. Die größte Raubkatze Südamerikas, der Jaguar, war bei den alten Völkern ein regelrechtes Kulttier mit ambivalenten Zügen. Einerseits verkörperte er die sexuelle Energie, garantierte also jede Form der Schöpfung. Andererseits aber konnte seine aggressive, räuberische Natur alles zerstören. Wer immer in die Haut eines Jaguars schlüpfte, ob Jäger, Krieger oder

Priester, mußte versuchen, diese gegensätzlichen Kräfte zu kontrollieren.

Der steinerne Mann mit der Schlange stellte höchstwahrscheinlich einen Schamanen hinter einer Jaguarmaske dar, der seinen natürlichen Feind nicht tötete, sondern das Tier aus der Erde bei einem rituellen Tanz einsetzte, um damit den Regen herbeizuzaubern.

Immer weiter ziehen Preuss und Telésforo ihre Kreise um San Agustín. Eine Tagestour reicht bald nicht mehr aus, immer öfter schlagen sie ihre kleinen Zelte auf, um an Ort und Stelle zu übernachten. Manchmal müssen auch die Maultiere zurückbleiben, weil die Abhänge zu steil sind und sie selbst nur mühsam kletternd oder auf dem Hosenboden rutschend weiterkommen. Vor dem provisorischen, aus halbierten Baumstämmen gezimmerten Steg über den *Estrecho* scheuen die Mulis. Die engste Stelle des Rio Magdalena mißt

Der Estrecho, *die engste Stelle des Rio Magdalena.*

je nach Wasserstand zwischen 1,70 und 2,50 Meter. Zwischen grauen Klippen zwängen sich tosende Gischtmassen hindurch. Wer da hineinfällt, hat nicht die geringste Überlebenschance. Weiter unterhalb, wo der Fluß breiter wird, türmen sich mächtige Steinblöcke. Hier lag also genügend Rohmaterial für die Bildhauer. Haben sie es direkt in der engen Schlucht bearbeitet oder aber zu ihren Werkstätten auf den *Mesitas* transportiert? Wenn ja: mit welchen Hilfsmitteln? Preuss weiß keine Antwort.

Hügel der Götzenbilder

Zum Abendessen gab es gegrillte Cachama, einen Flußfisch, Bratkartoffeln und Bohnensalat, dazu ein Glas frisch gepreßten *Feijoa*-Saft. Es hatte ausgezeichnet geschmeckt.

Während die Köchin das Geschirr abräumte und den großen Holztisch säuberte, Telésforo die Petroleumlampen auffüllte und eine nach der anderen anzündete, holte Preuss ein paar Bücher, Karten und frische Fotoabzüge nach draußen. Der blumengeschmückte Innenhof, nur zur Straße hin offen und an den drei anderen Seiten von einer schmalen Galerie überdacht, war sein Lieblingsplatz. Auch wenn sie erschöpft von ihren Ausflügen auf die Finca zurückgekehrt waren, arbeitete er hier noch ein paar Stunden, manchmal bis in die Nacht. Das Summen der Zikaden und die in der Ferne anschlagenden Hunde störten ihn nicht.

Heute hatten sie auf der *Mesita C* eine besonders interessante Statue entdeckt. Sie war 2,38 Meter groß und lag auf der Seite. Bemerkenswert war schon der gebogene, in regelmäßigen Abschnitten unterteilte Kopfschmuck. Es konnten stilisierte Sonnenstrahlen sein, aber auch die Federn einer Krone. Das Gesicht zeigte so ungewöhnliche Muster, daß es kaum wie ein menschliches Antlitz wirkte, eher wie eine Maske. Der rechte Arm war knapp unterhalb der Schulter abgebrochen, der linke vor dem Bauch angewinkelt. Dieser Unterarm war das Auffälligste an der ganzen Figur. Ein schmaler Ring mit zwei herabhängenden Schleifen umspannte das Gelenk. Die Hand steckte offenbar in einem dicken Verband.

Preuss erinnerte sich an seine Zeit in Mexiko und an alte Handschriften der Azteken. Eine der wichtigsten, den *Codex-Féjerváry-Mayer*, hatte sein Lehrer Eduard Seler 1901 neu herausgegeben. Er blätterte in seinen Unterlagen und fand die gesuchte Abbildung. Sie zeigte einen indianischen Ballspieler, dessen rechte Hand bandagiert war. Mit diesem »Handschuh« (*Mayeuatl*) durfte man sich auf den Boden stützen, um den Ball mit der Hüfte zu stoppen oder wegzuschlagen. Die Ähnlichkeit mit der Steinfigur war verblüffend. Sollte es früher auch hier in Kolumbien diesen rituellen Sport gegeben haben?

»Erlauben Sie, Dr. Preuss?« Die fragende Stimme kam von der Straße und unterbrach seine Gedanken. Aus der Dunkelheit schälten sich drei, vier Gestalten, kaum beleuchtet vom Licht ihrer flackernden Lampen. Als Telésforo nach dem Karabiner greifen wollte, winkte Preuss ab. »Kommt rein!«

Er hatte inzwischen das Vertrauen der Leute von San Agustín gewonnen und gegen gute Bezahlung ein paar Männer engagiert, die nach verborgenen Statuen suchten und ihn über jeden Fund informierten. Jetzt standen sie direkt vor seinem Tisch, Sixto Ortiz und die anderen, eingepackt in wollene Ponchos, und drehten verlegen ihre Strohhüte zwischen den Fingern. Preuss bat das Hausmädchen um ein paar Gläser *Aguardiente*, nicht nur, um die Stimmung aufzulockern, sondern vor allem wegen der Kälte.

Seine Helfer waren in alle Himmelsrichtungen ausgeschwärmt. Carlos hatte nahe dem Wasserfall Bordones, der

Der sogenannte »Ballspieler« von der Mesita C.

200 Meter im freien Fall herabdonnert, ein paar halb im Boden versunkene Statuen entdeckt. Felipe war dem Flüßchen Lavapatas gefolgt und den gleichnamigen Hügel hinaufgestiegen, wo mehrere Figuren lagen. Sixto hatte sich die ungewöhnlichen Erdhügel in den dichten Wäldern des Alto de los Idolos gemerkt.

Preuss markierte die einzelnen Punkte auf seiner Karte und fragte nach dem Zustand des Weges, der Beschaffenheit des Bodens und den Entfernungen, die ihm die Männer nur in Stunden oder Tagen angeben konnten. Er verglich ihre Beschreibungen der Steinbilder mit den 37 Skizzen im Buch von Codazzi und stellte fest, daß sich keines darunter befand. Vor ihm lag Neuland, nicht nur im wörtlichen Sinne, sondern auch bezüglich seiner bisherigen Berufspraxis. Preuss erkannte, daß er seine Arbeit als Völkerkundler zurückstellen und zum Archäologen werden mußte, um aus vielen ausgegrabenen Bruchstücken den zertrümmerten Spiegel der Geschichte dieser Kultur wieder zusammenzusetzen.

Für die nächste Zeit stehen ausgedehnte Expeditionen auf dem Programm. Das erfordert eine detaillierte Planung und perfekte Organisation. Trotz der Zuverlässigkeit seiner

Helfer aus dem Dorf gibt es immer wieder Pannen, »denn es kam zuweilen vor, daß wir den ganzen Tag vergebens im Urwalde unter Führung des ursprünglichen Entdeckers herumsuchten, ohne die Stelle, wo er angeblich Statuen gefunden hatte, wieder anzutreffen.«

Felipe hatte sich nicht geirrt. Auf dem Alto des Lavapatas lag eine in zwei Teile zerbrochene und an den Rändern beschädigte Stele, die sie mühsam zusammenfügten. Ein

Aztekischer Ballspieler mit Handschuh aus dem Codex Féjerváry-Mayer.
Das H-förmige Symbol gibt den Spielplatz aus der Vogelperspektive wieder.

Preuss und Telésforo beim Vermessen der »Ballspieler«-Statue.

merkwürdiges Gebilde! Unten ein Mann mit einer zwischen den Beinen hindurchgezogenen Schambinde. Die rechte Hand umfaßt eine Keule oder einen Stampfer. Sein Kopf zeigt kaum noch menschliche Züge, sondern ähnelt eher einem Totenschädel. Darüber hockt ein Wesen mit gegrätschten Beinen und einem ungeheuren Elefantenrüssel, unter dem auf beiden Seiten säbelartige Stoßzähne hervorragen.

Dieses Monstrum wird Preuss sein Leben lang nicht mehr loslassen. Wieder zurück in Berlin, präsentiert er dem Zoologen Professor Pohle Fotografien der Statue und korrigiert seinen Eindruck, »daß es sich um die Nachahmung eines fossilen Elefanten, beziehungsweise Mastodonschädels handelt. Es dürfte vielmehr die Nachbildung eines Wildschweinkopfes sein.« Pohle und Preuss meinen hier das Weißbartpekari, ein fast ausgestorbenes Nabelschwein, das heute nur noch in der *Serranía de la Macarena* vorkommt, einem isolierten Gebirgszug in den kolumbianischen Llanos.

Jahre später aber, in einem Artikel für die »Saarbrücker Landeszeitung«, schwenkt Preuss wieder auf seine ursprüngliche Interpretation um. Aktueller Anlaß ist die Freilegung eines vollständig erhaltenen Mastodon-Skeletts etwa 12 Kilometer östlich von Quito in Ecuador. Danach, so Preuss, sei seine frühere Erklärung »besser dadurch zu ersetzen, daß es sich um die Darstellung eines Mastodon handelt. Dieses dürfte noch vor 15 bis 1700 Jahren in Südamerika gelebt haben.«

Hier hatte sich der Gelehrte gründlich verschätzt; das Mastodon, ein bis zu vier Meter hohes Rüsseltier, war schon vor 12 000 Jahren ausgestorben. Aber es muß unter den Menschen auf dem amerikanischen Kontinent eine kollektive Erinnerung an diese Urweltriesen gegeben haben. Davon zeugen gewaltige Erdhügel in Gestalt von Ele-

Die Stele mit dem »Elefantenkopf« vom Alto de Lavapatas.

Nur mit Muskelkraft und Hebeleinsatz wird die zentnerschwere Skulptur aus der tiefen Grube herausgeholt.

Steinerner Sarkophag mit Ausgußrinne und Zapfen.

fanten in Wisconsin, Masken mit Elefantenrüsseln bei den Maya und Azteken, und schließlich die seltsame Darstellung von San Agustín. Vielleicht ist der Reiter auf dem Totenschädel auch der Geist eines Tapirs, der allerdings einen wesentlich kürzeren Rüssel hat als der Elefant.

Auf dem Alto de los Idolos, dem Hügel der Götzenbilder, mußten Preuss und seine Helfer feststellen, daß diese traditionelle Bezeichnung nicht mehr zutraf. Hier gab es, außer einer einzigen Statue, nur Gräber unter dicht bewachsenen Hügeln. Nachdem sie Bäume gefällt und das Unterholz beseitigt hatten, trugen sie das Erdreich ab, bis sie auf Stein stießen. Bald kamen mächtige Deckplatten zum Vorschein, die sie unter großer Anstrengung mit Bambuspfählen auf die Seite hebelten. Mehrmals klagte Preuss über seine »unzulänglichen Hilfsmittel« und bedauert, daß sie »ohne Flaschenzug« hauptsächlich mit Muskelkraft arbeiten müssen. Jetzt taucht ein steinerner Sarkophag auf, offenbar aus einem einzigen Block gehauen. Er ist 2,20 Meter lang, über einen Meter breit und innen 74 Zentimeter tief. Der rechteckige Trog war leer; er enthielt weder Knochenreste noch Grabbeigaben für die Reise ins Jenseits. Preuss fielen die regelmäßigen Zapfen an den beiden Enden auf. Sie sahen wie Handgriffe aus, aber diese tonnenschweren Särge ließen sich auf keinen Fall transportieren. An der Schmalseite war eine Rinne ausgekehlt, die bei geschlossenem Deckel eine Öffnung zur Außenwelt herstellte. Sollte hier die Seele des Toten ein- und ausschlüpfen? Oder wurde der Verstorbene von seiner Familie mit Getränken versorgt? Schon Cieza de León, ein spanischer Chronist des 16. Jahrhunderts, beobachtete im Cauca-Tal, wie die Indianer durch lange und bis in die Gräber hinabreichende Röhren aus Pflanzenstengeln vergorenes Maisbier *(Chicha)* gossen.

Auf dem Alto de las Piedras fand das Preuss-Team einen in den Boden eingelassenen Schrein, der vermutlich schon von Grabräubern untersucht worden war. Die Befestigungssteine lagen wild durcheinander, die Deckplatte war nach vorn gekippt. Zwanzig Zentimeter unter der Erdoberfläche jedoch steckte eine gut erhaltene Figur. Sie trug ein Röckchen und eine Kopfbinde, die hinten zu einer Schleife gebunden war. Eine Frau also. Ihr stark gewölbter Bauch deutete auf Schwangerschaft hin. Noch außergewöhnlicher war das schwarze, gemalte Ornament auf ihrer linken Wange. An den Armen und seitlich der Augen konnte man gelbe und rote Farbspuren erkennen. Erstmals hatten sie einen Beweis für bemalte Statuen vor sich. Hier waren es ausgerechnet die Farben der Korallenschlange! Aber daraus zog Preuss keine weiteren Schlüsse.

Er weiß, daß er diese schweren Kolosse nicht mit nach Deutschland nehmen kann. Doch er braucht für seine wissenschaftlichen Untersuchungen und für die Sammlungen des Museums Abgüsse von ihnen. Dazu muß man vorher originalgetreue Hohlformen machen, eine Methode, die Archäologen schon seit Jahrhunderten erfolgreich anwenden. Zunächst wurde die Skulptur mit einem Pflanzenbesen und Wasser gereinigt, bis man kein Krümelchen Erde mehr auf der Oberfläche sah.

Telésforo öffnete die mitgebrachten Blechkassetten und zog vorsichtig einen feuchten, weißen Bogen heraus. Es war starkes, saugfähiges Papier, sogenanntes »Anfaserstoff-Bütten«, bei einer spanischen Firma gekauft. Zwanzig Stunden lag es im Wasserbad und war dann mit Knochenleim getränkt worden, der für die nötige Versteifung sorgen sollte.

Preuss riß das klebrige Papier in passende Stücke, drückte sie mit einem Kurzhaarpinsel sorgfältig auf den Stein und tupfte sie nach den Rändern hin ab, um Luftbläschen zu vermeiden. Als die Fläche völlig bedeckt war, strich der Archäologe einen Leim aus Kartoffelstärke darüber, um sie mit der nächsten Schicht zu verbinden. Darauf kam dann nochmal eine dritte Lage. Je nach Größe der Figur dauerte

Indianischer Schamane beim Schlangentanz.

die Prozedur mehrere Stunden. Schließlich lag die Statue wie eine weißbandagierte Mumie vor ihnen. »So«, meinte Preuss zufrieden, »das muß jetzt zwei Tage trocknen.«

Die Dämmerung hatte sie überrascht; es war viel zu spät, um ins Dorf zurückzukehren. In einer windgeschützten Mulde schlugen sie das Nachtlager auf: Ein großes Armeezelt für den Chef, in dem sein Feldbett und die Ausrüstung standen und das mit seinen steilen Wänden und dem von einem Knauf gekrönten flacheren Dach recht orientalisch anmutete. Nur ein paar Schritte entfernt bauten die Arbeiter ihren *Rancho*, indem sie ein paar Kautschukbahnen über ein niedriges Holzgestell legten und mit Erde und Gras zudeckten. Preuss beobachtete, wie Felipe noch einmal nach der Statue sah, die weiter oben leichenhaft im Mondlicht schimmerte, und wie er sich dabei bekreuzigte.

Preuss fotografiert seine Helfer.

Während die Helfer eine Pause einlegen, reinigen Preuss und Telésforo die Statue.

Nach dem Abendessen teilte er eine Wache ein, die im Wechsel von drei Stunden einen Rundgang machen sollte. Kurz nach Mitternacht stand er selbst auf, zündete die Lampen an und ging hinüber zum *Rancho*. Nur noch Telésforo war da. Er weckte ihn und sie schauten sich gemeinsam die papierverkleidete Skulptur an, die völlig unversehrt neben dem tiefen Erdloch lag.

An Schlaf war nicht mehr zu denken; es beunruhigte sie, daß sich die Männer heimlich davongemacht hatten. Am Lohn konnte es nicht liegen, der war für hiesige Verhältnisse sehr hoch.

Preuss weiß aber inzwischen, daß die Menschen hier abergläubisch bis in die Herzgrube sind. Schon der Ruf einer Schleiereule oder eines Brillenkauzes versetzt sie in Schrecken. »Der Wald hat Augen«, sagen die Leute und glauben felsenfest, bestimmte Orte seien mit einem Fluch belegt. Mag sein, daß auch der Alto de las Piedras dazugehört.

Ganz sicher spukt es in der Ebene von Matanzas, wo sich 1609 Indianer und Spanier erbittert bekämpften. Mehrere durchaus vernünftige Bewohner von San Agustín behaupten, sie seien dort Gestalten in altspanischer Hoftracht begegnet. Die Gespenster hätten ihnen nichts getan, nur höflich gegrüßt, wobei sie allerdings den schwarzen Kegelhut samt ihrem Kopf lüfteten und zwischen der weißen Halskrause ein blutiger Stumpf sichtbar wurde.

Der Ethnologe Adolf Bastian, der vor Preuss Kolumbien bereist hatte, wohnte in einem leerstehenden Haus, das von

Die Steinfigur wird mit mehreren Papierschichten bedeckt, um eine originalgetreue Negativform für spätere Gipsabgüsse zu gewinnen.

Der getrocknete Papier-Abklatsch ist sauber vom Stein gelöst. Telésforo benutzt das Kopfteil für eine scherzhafte Maskerade.

seinem Besitzer verlassen worden war, weil die Mauern in der Dunkelheit ständig rot oder blau aufleuchteten. Es hieß, dies weise auf verborgene Schätze hin, die der Teufel bewache. Als Preuss bei Matanzas nach Urnen mit Knochen sucht, hört er Ähnliches. Auch hier, schreibt er später, schwören die Leute, »daß von solchen vergrabenen Gegenständen in der Nacht Lichtschein ausstrahle und Flammen emporschlügen, wodurch der Ort sich kenntlich mache.«

Wenn man diesen Hokuspokus schon nicht aus ihren Köpfen kriegt, überlegt er, muß ich für längere Expeditionen das Team auswechseln.

Am Morgen tauchen die Männer wieder auf, als sei nichts geschehen. Felipe erzählt, die Statue der Schwangeren habe ihn an seine eigene Frau erinnert, die mit dem sechsten Kind in den Wehen liege; er habe sich in der Nacht um sie kümmern müssen. Sixto entschuldigt sich mit starken Rückenschmerzen, die ihn zum Arzt getrieben hätten, und Carlos hatte geträumt, sein Bruder sei bei Straßenarbeiten zwischen San Agustín und Ullumbe ums Leben gekommen. Das ließ ihn nicht ruhen, bis er ihn in seiner Hütte bei bester Gesundheit antraf und ein paar Gläser Schnaps mit ihm trank.

Preuss macht ihnen keine Vorwürfe, verpflichtete sie aber, ihre Privatangelegenheiten zurückzustellen, solange sie bei ihm unter Vertrag stünden.

Den ganzen Tag verbrachten sie damit, die Erde eines künstlichen Hügels abzutragen. Dadurch sollte die oben liegende Deckplatte von 4,40 Meter Länge und 3,06 Meter Breite allmählich herabrutschen. Preuss vermutete darunter einen Tempel mit mehreren Statuen.

In der Nacht verließ keiner der Arbeiter seinen Schlafplatz im *Rancho*.

Schon früh am Morgen zog es Preuss zu seiner »Mumie«, wie er die Figur der schwangeren Frau unter der weißen Papierschicht scherzhaft nannte. Die war inzwischen getrocknet und ließ sich relativ leicht vom Stein abnehmen, allerdings nicht in einem Stück, sondern in drei Teilen, die er vorher mit dem Messer getrennt hatte. Diese sogenannten »Molden« oder »Abklatsche« wurden anschließend auf der Innenseite mit Kopallack bestrichen, um sie für den Transport zu härten und vor Feuchtigkeit zu schützen.

Als der Lack, den er aus Bogotá mitgebracht hatte, zu Ende geht, mischt Preuss Stärke aus der heimischen *Yuca*-Pflanze mit Wasser und erzielt mit dieser gelatineartigen Lösung die gleiche Wirkung.

Preuss freut sich. Er hat jetzt schon über ein Dutzend Negativformen aus Pappmaché beisammen, von denen er später in Berlin perfekte Gipsabgüsse herstellen kann.

Der Archäologe will die empfindlichen »Molden« so schnell wie möglich ins Dorf hinunterbringen. Als sie an dem kleinen Friedhof vorbeikommen, sehen sie hinter der niedrigen Adobemauer eine Gruppe schwarzgekleideter Menschen vor einer frisch ausgehobenen Grube. Die Männer bleiben stehen und nehmen die Hüte ab. Der Wind trägt die Stimme von Pater Arsenio zu ihnen herüber: »So ruhe denn mit den Worten unseres Herrn Jesus Christus, wie sie bei Lukas, Kapitel 23, verzeichnet sind: *Siehe, es wird der Tag kommen, da wird man zu den Bergen sagen: Fallt auf uns herab! Und zu den Hügeln: Bedecket uns!*«

Gottheit oder Schamane mit pilzförmiger Kappe, Stab zum Rühren von Muschelkalk und einer Trompetenschnecke; alles Hinweise auf den Drogenkult.

Carlos geht langsam zwischen den kleinen Hügeln mit den schlichten Kreuzen hindurch, um zu erfahren, wer da beerdigt wird. Als er zurückkommt, zittert er am ganzen Körper. Sein Gesicht zeigt eine Mischung von Entsetzen und ungläubigem Staunen. Gestern, bei Straßenarbeiten vor Ullumbe, war eine Sprengung zu früh losgegangen. Die Gesteinsmassen hatten zwei Männer unter sich begraben. Sein Bruder war nicht mehr zu retten gewesen.

Preuss fühlt sich schlecht. Das liegt nicht nur an den aufregenden Ereignissen der letzten Tage. Er hat starke Darmbeschwerden, vielleicht eine verdorbene Mahlzeit. Ausgerechnet jetzt, wo sie kurz vor der Freilegung des unterirdischen Tempels stehen! Schließlich werden die Krämpfe so heftig, daß er sich kaum noch aus dem Haus rühren kann. Er überlegt ernsthaft, ob er die Arbeit unterbrechen und sich in Bogotá ärztlich behandeln lassen soll.

Gleichgültig trinkt er den Tee, den die alte Eusebia aus den Wurzeln des Krautes *Escoba de puerco* (»Schweinebesen«) gebraut und mit Limonensaft versetzt hat. Manche Leute in San Agustín nennen die Pflanze auch *Herba de marrano*, was etwa das gleiche bedeutet, oder benutzen die indianischen Begriffe *Chichirá* beziehungsweise *Apió*. Es muß ein wahres Wundermittel sein, denn nach acht Tagen sind die Schmerzen völlig verschwunden. Dankbar schreibt Preuss später in seinem Buch über San Agustín: »Während meiner Reise in Kolumbien hat mir dieses Kraut noch mehrmals treffliche Dienste geleistet, während die mitgeführten europäischen Medizinen vollständig versagten.«

Bald wird ihm klar, welche außerordentliche Rolle bestimmte Pflanzen, schon bei jenen Menschen spielten, die die rätselhaften Steinbilder geschaffen hatten.

In dem unterirdischen Tempel der *Mesita A* lagen tatsächlich drei Statuen, zwei Figurenpfeiler und eine kolossale Skulptur, die ursprünglich von ihnen eingerahmt wurde. Sie war 2,56 Meter groß und so schwer, daß man sie nicht aufrichten, sondern nur von der einen auf die anderen Seite wälzen konnte. Der erigierte und durch eine Schnur festgehaltene Penis wies eindeutig auf einen Mann hin. Er trug eine flache, pilzförmige Kappe, seine Augen waren geschlossen, als schliefe er. Die rechte Hand hielt einen Stab, der sich stark nach unten verjüngte, in der Linken befand sich eine Trompetenschnecke mit ihrem länglich ovalen, mehrfach gewundenen Haus.

Wer sich in den Bräuchen der Indianer auskannte, sah sofort, daß dies Instrumente für den Drogenkult waren.

Aufstieg zum »Hügel der Steine«, vorbei am Wasserfall von Bordones.

Juan de Castellanos, ein Chronist der spanischen Eroberung, erwähnt sie bereits Ende des 16. Jahrhunderts: »Die Eingeborenen pflegen Blätter zu kauen, die man *Coca* nennt. Dazu nehmen sie Pulver oder Kalk, der aus Muscheln bereitet wird. Sie bewahren ihn in einer Kalebasse auf, die *Poporo* heißt, stecken ein Stöckchen hinein und nehmen das, was dran hängen bleibt, zu den *Coca*-Blättern in den Mund.«

Erst dieser Kalk aus zermahlenen Schneckenhäusern setzt in einer biochemischen Reaktion das Alkaloid, die pharmakologische Base der Pflanze, frei und macht aus ihr eine leistungssteigernde Droge.

Die drei Statuen des Tempels dienten offenbar nur einem einzigen Zweck: Sie sollten die Anwendung und Wirkung von Drogen sichtbar machen. Dazu paßt auch der aufgerichtete Penis der Mittelfigur als Zeichen erhöhter Energie. Dazu gehört ebenfalls ihre pilzförmige Kappe, die auf den wohldosierten Genuß bestimmter Giftpilze hinweist. Das darin enthaltene *Muskarin* reinigt den Körper gründlich und versetzt den, der es in kleinen Mengen zu sich genommen hat, in einen rauschähnlichen Zustand. Die beiden Pfeilerskulpturen stellen nackte Krieger dar, die ihre Keulen abwehrbereit halten. Das Besondere an ihnen sind zwei seltsame Tiere, die über den Köpfen der Wächter thronen. Sie haben Affengesichter, enden aber an der Rückseite in einem mehrfach gewundenen Schlangenleib.

Sind es die Schutzgeister der Tempelhüter, oder hat der Bildhauer solche Zwitterwesen im Drogenrausch gesehen?

Noch geheimnisvoller erschien Preuss die 2,30 Meter große Stele, die er auf dem Alto de las Piedras fand.

Seitenansicht der Alter-ego-*Statue vom Alto de las Piedras.*

Auch hier hockt auf einer Figur mit recht menschlichen Zügen ein zweites Geschöpf, das Merkmale verschiedenartiger Tiere aufweist. Frontal betrachtet wirkt das Ganze wie ein aus Stein gehauener Totempfahl. Von der Seite jedoch sieht man ein Monstrum, das sich mit den Unterarmen auf das Haupt des Trägers stützt und dessen gekrümmter Rücken wieder in einem Kopf endet.

Preuss hütet sich, die Tiere näher zu bestimmen; zu verwirrend, bisweilen auch abstrakt sind ihre Muster und Attribute. Er faßt die Statuen dieses Typs unter dem Stichwort »zweites Gesicht« oder »anderes Ich« zusammen und nähert sich damit einem ganz anderen Forschungsgebiet, der Psychoanalyse. Ratlos steht Preuss vor den stummen Zeugen eines unbekannten Volkes, in einem »abgeschlossenen Wald des Glaubens«.

Mit Glaube und Religion haben sicher auch jene steinernen Dämonen zu tun, die er an mehreren Plätzen ausgräbt. Sie scheinen Kinder zu verspeisen und belegen auf den ersten Blick einen grausamen Opferkult oder Kannibalismus. Aber verschlingen diese Ungeheuer mit ihren Froschaugen die kleinen Wesen wirklich? Ziehen sie sie nicht vielmehr aus ihrem Mund heraus? Preuss ahnt, daß er die Wurzeln dieser rätselhaften Symbolsprache nicht hier in San Agustín, sondern woanders suchen muß.

Diese Idee setzt sich fest, als er bei Lavapatas und auf dem Alto de los Idolos ganz ungewöhnliche Grabplatten in Tierform entdeckt. Mit ihrem zähnegespickten Rachen, dem platten Schädel, dem nach hinten spitz zulaufenden Körper und den dicht an den Rumpf gepreßten Vorder- und Hinterbeinen erinnern sie sofort an einen Alligator. Hier oben je-

Statue mit dem Alter ego *oder »zweiten Ich« auf dem Alto de las Piedras (»Hügel der Steine«).*

Zahlreiche Figuren verkörpern Dämonen, die kleine Wesen zu fressen scheinen.

doch, auf 1600 Meter Höhe, hat es diese Tiere nie gegeben. Die Schöpfer der steinernen Bestien können sie nur in den Urwäldern des Amazonasbeckens gesehen haben.

Preuss will diese einzigartige Sargdeckel fotografieren, doch da »wankte plötzlich die Erde unter uns, gerade als ich mich unter dem Tuche befand, um meine Kamera einzustellen, und nun zu meiner Verwunderung den Abhang des Hügels herunterrollte, während die Bäume um mich herum lebendig wurden und einige umbrachen.«

Als das Erdbeben vorbei ist und sie erleichtert feststellen, daß weder sie noch die unersetzliche Plattenkamera Schaden genommen haben, erlaubt sich der sonst so zurückhaltende Telésforo den ersten Scherz auf der langen Reise: »Die Geister wollen uns hier nicht mehr haben. Wir sollten umziehen.«

Mit 3,90 Metern Höhe ist diese Statue eine der größten von San Agustín. Sie wurde als »Bischof«, aber auch als Sonnengottheit bezeichnet, die ein Kindesopfer verschlingt. Auffällig ist der zweite, nach oben gerichtete Kopf am Fußende.

Bei den Mondmenschen

April 1914 auf dem Rio Orteguasa, einem der zahllosen Quellflüsse des Amazonas.

Das lange, schwer beladene Kanu gleitet, von zwei Ruderern bewegt, zwischen den grünen, undurchdringlichen Mauern des Dschungels hindurch. Der Wald steht so dicht am Wasser, daß die Kaimane kaum Platz zum Dösen finden. Manchmal steigt ein Schwarm grüner und roter Arakangas mit lautem Gekrächze aus dem Laubdach auf, springen rosafarbene Delphine neben dem Boot hoch und tauchen nach einem luftigen Überschlag wieder unter. Preuss streckt die Beine zwischen Kisten und Säcken aus, schiebt sich einen zusammengelegten Poncho unter den Kopf und zieht dann den Strohhut tief ins Gesicht.

Vor vierzehn Tagen waren sie in San Agustín aufgebrochen. Dort hatte die Regenzeit eingesetzt und weitere Ausgrabungen unmöglich gemacht – die beste Gelegenheit, um eine neue Spur zu verfolgen. Sie führte zu einem Indianerstamm, der relativ nahe bei San Agustín saß, aber noch fern von europäischem Einfluß nach jahrhundertealten Traditionen lebte: die Uitoto. Bei ihnen wollte Preuss Bräuche und Mythen studieren, um Aufschluß über die rätselhaften Steinbilder zu bekommen.

Der Weg zum Rio Orteguasa war anstrengend gewesen. Mit einer Karawane von sieben Mulis und zwei Pferden ging es über Pitalito und Timaná nach Altamira, dann südostwärts bis Guadalupe. Dort machten sie Halt und kauften Geschenke und Tauschartikel ein: Flanellhemden; Buschmesser, so scharf, daß man damit eine Münze halbieren konnte; Angelhaken; Pulver; Schrot; Zündhütchen; sogar ein »Kistchen mit 1200 Zigarren, 2/3 Pfennige das Stück«, wie der Professor pedantisch notiert.

Ab Guadalupe benutzten sie die neu angelegte Maultiertrasse für den Kautschuk-Transport von den tropischen Wäldern ins Hochland und zählten am Wegrand dreißig Kreuze, die an die tödlich verunglückten Straßenarbeiter erinnerten. Sie überquerten die Ostkordillere und kamen hinunter nach Florencia, einer jungen Pionierstadt, die viele Siedler anlockte, weil die Regierung hier großzügig Grund und Boden vergab. Florencia erlebte gerade eine Wirtschaftsblüte, die es seiner prächtigen Viehzucht und dem Anbau von Mais, Bananen, Zuckerrohr und Kakao verdankte. Mit Kautschuk dagegen waren keine Geschäfte mehr zu machen. 1913 kosteten 25 Pfund noch 15 Dollar; jetzt, nur ein Jahr später, war der Preis auf 5 Dollar gefallen.

Leonardo Cabrera, ein erfahrener Waldläufer und Kautschuksammler, ist froh, daß er wieder mal etwas Geld verdient. Er organisiert für den deutschen Gelehrten und seinen Helfer die Reise auf dem Orteguasa und dreht ihnen auch noch seine indianische Geliebte, mit der er ein Töchterchen hat, als Köchin an. Nach neun Stunden Flußfahrt haben sie ihr Ziel erreicht: Die Quebrada Niña Maria, wo ein Uitoto-Clan in Pfahlbauten am höher gelegenen Ufer wohnt.

Die Gruppe besteht aus 73 Personen und wird von zwei gleichberechtigten Häuptlingen angeführt. Sie heißen *Dyovéteri* und *Menigetofé*, stellen sich aber gleichzeitig mit ihren spanischen Namen Cornelio und Alejandro vor.

Über einen Dolmetscher erklärt Preuss ihnen sein Vorhaben und bekommt mit Telésforo zunächst einen Platz in der *Maloca* zugewiesen. Das riesige Versammlungshaus mit einer Grundfläche von 25 x 25 und einer Höhe von 14 Metern ist der unübersehbare Mittelpunkt des Dorfes. Uitoto-Männer haben die Konstruktionsteile, vier Hauptträger mit aufgelegten Querbalken, aus den Stämmen des *Cauiche*-

Reise auf dem Rio Orteguasa zu den Urwaldindianern.

Baums gezimmert, ihre Frauen die Matten für das Dach aus den Blättern der *Puj-Palme* geflochten. Dieses Dach hat am First eine dreieckige Öffnung und zieht sich weit über die niedrigen Wände herunter. Sie bestehen aus beweglichen Elementen, die man verschieben oder ganz herausnehmen kann.

In diesem hohen, angenehm kühlen Raum, in dem die Luft ständig zirkuliert, wurde gekocht und *Cassave* zubereitet. Hier hing das *Tipiti*, ein aus Palmfasern geflochtener Schlauch, den man verlängern und verdicken kann. Die rohen *Cassave-* oder *Maniok*-Wurzeln werden zunächst durch Stampfen oder Reiben zerkleinert. Dann füllen die Frauen den Brei in das *Tipiti*, kneten den Schlauch und damit die *Cassave*-Masse so kräftig, daß der giftige Blausäuresaft der Pflanze entzogen wird und im unteren Teil des Gerätes nur reine Stärke zurückbleibt. *Maniok* wird gedämpft, geröstet oder zu Mehl verarbeitet, aus dem man Fladen backt; es ist eines der wichtigsten Nahrungsmittel in den Tropen.

In der *Maloca* trafen sich vor allem die Männer zu stundenlangem Palaver, das nie ohne ausgiebigen Genuß von Coca und Tabaksaft ablief. Schon in der ersten Nacht hört

Preuss das stampfende Geräusch »in dem hohen hölzernen Cocamörser, wo die Blätter zu Pulver zerkleinert und mit der Asche der Blätter des *Caimaron-Baumes* vermischt unmittelbar dem ungeheuren Konsum der Männergesellschaft zugeführt wurden.« Dabei fallen ihm mehrere Statuen aus San Agustín ein, die solche Mörserkeulen vor ihren Körper halten.

Am Rand der *Maloca* befanden sich zwei mächtige Schlitztrommeln *(Manguaré)*. Der untere Teil ruhte auf einem Gestell, der obere, leicht aufwärts gerichtet, war mit starken Pflanzenseilen an einem Querbalken befestigt. Sie wurden aus hartem Mandelbaumholz angefertigt, wobei man die Stämme mit Feuer aushöhlte.

Ankunft bei den Uitoto in der Quebrada Niña Maria.

Oben: Der alles überragende Mittelpunkt der Uitoto-Dörfer ist die Maloca, *das Versammlungshaus.*
Mitte: Preuss überreicht dem Stammes-Häuptling Geschenke.
Unten: Uitoto-Frauen bereiten Maniok *oder* Cassave *zu.*

Die Trommeln bilden immer ein Paar; die größere verkörpert den weiblichen Partner. Sie haben zunächst einen praktischen Zweck als Urwald-Telegraph, mit dem man sich über weite Entfernungen verständigen kann. Mehrere Schläge mit dem kleinen, kautschukumwickelten Schlegel ergeben einen bestimmten Rhythmus, der sich nach Tonhöhe und zeitlichem Abstand von anderen Klangfolgen unterscheidet und eine nur dem Eingeweihten verständliche Nachricht enthält.

Diese urtümlichen Instrumente faszinieren Preuss so sehr, daß er die Uitoto bittet, ihm eine Trommel zu verkaufen oder extra für ihn herzustellen. Aber die Indianer lehnen ab. Das koste viel zu viel Zeit. Sie würden dafür seit Generationen ein »Fest des Trommelmachens« (*huare*) veranstalten, das Tage dauere. Außerdem sei die Trommel ein Werkzeug der Schöpfung, denn mit ihr habe der Urvater den ersten Regen auf die Erde herabgerufen. Abgesehen davon könne er, Preuss, die Instrumente gar nicht bezahlen. Eine einzige Trommel sei mehr wert als eine ganze Viehherde, weil in ihr die Seelen aller Stammesahnen hausten.

Jetzt schaut sich der Archäologe die Trommeln genauer an. Mit ihren Außenzapfen, den großen gezackten Öffnungen in der Oberfläche und dem dazwischen verlaufenden Schlitz erinnern sie ihn an die Steinsärge von San Agustín. Natürlich hatten beide Gegenstände eine völlig andere Funktion, aber dort wie hier dienten sie den Geistern der Toten als Wohnsitz.

Auch die Uitoto spielten mit einem Ball aus Kautschuk. Dabei stieß man sich die Kugel mit dem Knie zu und achtete darauf, daß sie möglichst lange in der Luft blieb. Eine verblüffende Parallele zu den Spielregeln der Azteken! Auch bei ihnen durfte der Ball nicht den Boden berühren, weil sonst der Lauf der Sonne unterbrochen wurde.

Was die Uitoto mit der Kautschukkugel vorführten, war weit mehr als ein sportlicher Wettkampf. Um den leichten Ball bewegte sich ein ganzes Fest (*uike*), das nur alle zwei Jahre im März oder September stattfand, wenn es besonders viele Früchte gab. In ihnen, aber auch in der Kautschukkugel saß die Seele des Urvaters *Moma*, zu dessen Ehren die Uitoto das Fest feierten.

Schade, dachte Preuss, daß dem steinernen »Ballspieler« von San Agustín der rechte Arm fehlt. Er hätte gewettet, daß die Hand einen Ball hielt.

Weitere Zusammenhänge mit dem mysteriösen Ort im Hochland hofft Preuss, der jetzt wieder zum Ethnologen wird, in den Erzählungen und Mythen der Uitoto zu finden. Sie sind Teil ihrer mündlichen Überlieferung und wurden noch nie aufgezeichnet. Als der Weiße vor einer größeren Gruppe eine alte Zeitung aus Bogotá aufschlägt, schauen ihn die Indianer verständnislos an. »Wir haben keine Schrift«, erklärt Häuptling Cornelio, »unser Papier ist die Stimme.«

Preuss macht sich als erster daran, diese Stimmen aus der Vergangenheit Wort für Wort festzuhalten und zu sammeln. Dabei helfen ihm der Dolmetscher Pedro, ein Uitoto, der gut spanisch spricht, und sein Phonograph.

Dieser Apparat, der Vorgänger des Tonbandgerätes, ist für die Eingeborenen ein wahrer Zauberkasten.

Preuss bittet den Häuptling, ein paar ältere Männer für eine Probe auszusuchen. Während sie noch diskutieren, schiebt er eine Wachswalze auf die Metallrolle, justiert den

Täglich versammeln sich die Männer in der Maloca *zum Palaver und zu ihren traditionellen Gesängen.*

Aufnahmekopf mit der kleinen Nadel und schaltet das Gerät ein. Konzentriert nach vorn gebeugt, spricht der erste Uitoto in den Trichter hinein. Danach herrscht gespannte Ruhe. Mit wenigen Handgriffen stellt der Ethnologe den Phonographen auf Wiedergabe um. Als die verrauschten, aber doch klar verständlichen Worte aus dem Trichter aufsteigen, sind die Männer für einen Moment wie versteinert. Dann aber stürzen sie kopflos aus der *Maloca* und stoßen in wilder Panik alles beiseite, was sich ihnen in den Weg stellt, ob Kinder, Hunde oder die besorgt herbeigeeilte Ehefrau.

Bald haben sie ihre Furcht vor dem »tönenden Kasten« abgelegt, doch die Sprachaufnahmen gehen nur mühsam voran. Tagsüber, wenn Preuss Zeit hat, arbeiten die Männer auf den Feldern oder jagen. Im Dorf trifft er jetzt nur Frauen und Kindern an. Nachts aber kann er sich vor Müdigkeit kaum konzentrieren, die Uitoto dagegen sind bestens in Form.

Die Nacht ist ihr Element, denn schon der Urvater und Schöpfergott *Moma* war ein Mondwesen. Und sie selbst, seine Kinder, nennen sich »Mondmenschen«.

Erst nachts sind sie bereit, die Geheimnisse ihrer dunklen Herkunft preiszugeben, erst wenn der lebensspendende Mond sie bestrahlt, wenn ihnen Drogen die Zungen lösen. Sie begründen das so: »*Coca* und *Ambil* (Tabaksaft) sind die Mittel, um fühlen, riechen und das Wort begreifen zu können. In den Nächten trägt der Kundige, der das Wort besitzt, sein Herz im Mund; er spricht und seine Stimme geht zu den Ursprüngen zurück.«

Immer wieder stopfen sich die Männer das grüne Pulver aus dem Cocamörser in den Mund und sind, wenn sie mit vollen Backen reden, nur schwer zu verstehen.

Preuss ist verärgert und zeigt es ihnen. Aber damit handelt er sich nur den massiven Vorwurf eines älteren Uitoto ein: »Wir erzählen nur nachts, wo wir uns nicht durch Essen unterbrechen, während dich mitten beim Erzählen der Hunger packt. Und bei uns bezahlt man eine Geschichte nicht mit Geld, wie du es tust, sondern erzählt dafür eine andere. Du aber erzählst keine einzige Geschichte, wir erfahren von dir überhaupt nichts!« Häufig bekommt Preuss den ausgeprägten Stolz der Uitoto zu spüren und merkt, welchen Widerstreit an Gefühlen die Begegnung mit dem Europäer bei ihnen auslöst. Er notiert in sein Tagebuch: »Der Indianer schätzt seine geistige Kultur außerordentlich hoch, sie liefert ihm den sicheren Boden in dieser Welt. Vom Weißen aber kennt er nur die äußeren Erzeugnisse seiner Kultur, die ihm sehr imponieren, während er etwa die christlichen Ideen nicht im geringsten begreift. Auf diese

Uitoto mit dem typischen Ruderblatt und zwei frisch gefangenen Tiger-Welsen.

Erst nachts, nach der Einnahme von Drogen, sind die Uitoto bereit, ihre Mythen zu erzählen. Preuss kann sich vor Müdigkeit kaum noch konzentrieren.

Weise kommt die lächerliche Mischung zwischen kindischem Liebäugeln mit Erzeugnissen der Weißen und einen anmaßenden Benehmen gegen diese zustande.«

Eines Morgens erschien Häuptling Alejandro mit Seidenstrümpfen an den Beinen, aber ohne Schuhe. Obwohl die Sonne herunterbrannte, hielt er einen Regenschirm in der Hand und stolzierte so den ganzen Vormittag vor seinen Leuten in der *Maloca* herum. Auch seine Frau und das Töchterchen waren europäisch gekleidet. Woher die Sachen kamen, wußte niemand. Vielleicht hatte sie Leonardo, der Waldläufer, seiner indianischen Geliebten mitgebracht. Alejandro forderte Preuss auf, ihn samt seiner Familie zu fotografieren, und als ich jeden einzeln vornahm, sollte jeder, auch die zweijährige Kleine, den Schirm dabei in die Hand nehmen.«

Trotz solcher harmloser Sticheleien behandeln die Uito-

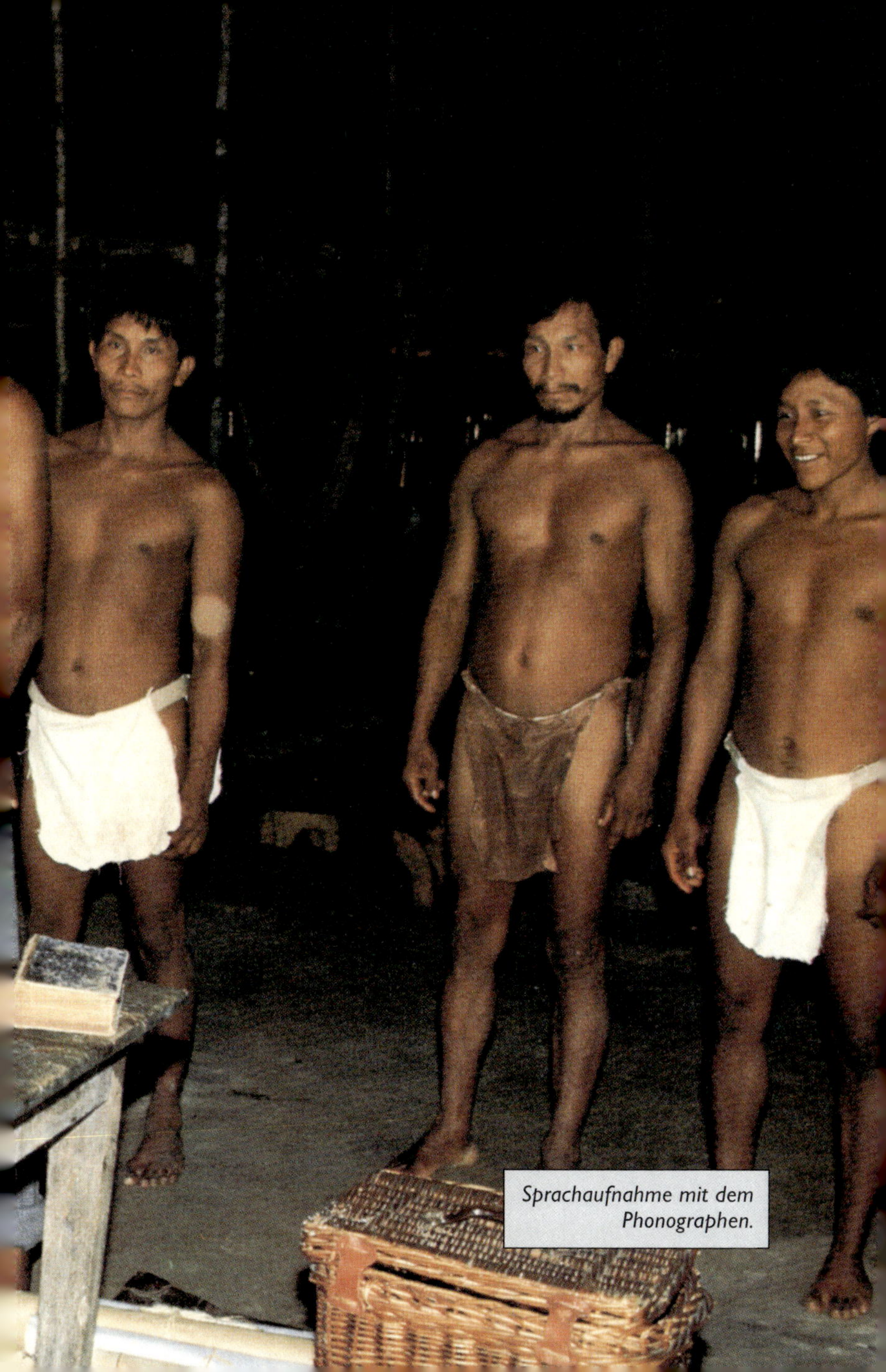

Sprachaufnahme mit dem Phonographen.

to die Gäste respektvoll. Sie errichten sogar neben dem Pfahlbau eine nach drei Seiten offene Hütte, wo Preuss ungestört arbeiten kann.

Wenn er seine Wachswalzen abhört und mit Hilfe des Dolmetschers übersetzt, entdeckt er häufig Parallelen zu bestimmten Motiven auf den Statuen von San Agustín. So erzählen die Eingeborenen, ihr göttlicher Urvater habe die Natur erschaffen, indem er eine Pflanze oder ein Tier aus seinem Mund herauszog. »Als der Vater mit dem Wort das Wasser geschaffen hatte, nahm er im Wasser die Pflanze *nuisi* aus sich heraus. Als er die Schlange von seinem Leib abgesondert hatte, sah er, daß daraus unser Volk, die ersten Menschen entstehen würden«, heißt es in den Schöpfungsmythen.

Preuss erinnert sich an die steinernen Monster von San Agustín, die kleine Wesen in den Mund schieben oder herausziehen. Sie müssen keineswegs Menschenfresser darstellen, sondern können – ganz im Gegenteil – auch einen Akt der Schöpfung symbolisieren.

Einmal wurden sie Zeugen einer nächtlichen Krankenheilung. Gegen acht Uhr abends versammelten sich alle Männer in der *Maloca*. Die Frauen mußten an den Feuerstellen bleiben, schwangere sogar das Dorf verlassen. Niemand durfte vor dem Haus umhergehen, die Hunde waren in weiter Entfernung angebunden. Der Schamane saß auf einem niedrigen Schemel und lehnte sich gegen den Mittelpfeiler der *Maloca*. Sein Körper war mit weißen Ornamenten bemalt. Über beide Schultern hingen die feingeschuppten Häute von Boas herunter. Sie reichten bis zu den Waden und wurden in der Mitte von einem Gürtel zusammengehalten. Auf dem Kopf trug er eine Federkrone und in der Hand hielt er einen Federstab.

Stundenlang tranken die Männer nur *Yahé*, einen Tee, den

man aus einer eingekochten Liane zubereitete. Dann wurde der Kranke hereingebracht und mit dem Rücken zum Schamanen auf den Boden gesetzt. Er klagte über starke Schmerzen in der rechten Brust. Doch gerade als der Arzt mit der Behandlung beginnen wollte, tauchte ein Hund in der *Maloca* auf. Die Zeremonie wurde sofort abgebrochen, der arme Köter am nächsten Morgen mit zusammengeschnürten Läufen in den Fluß geworfen.

Auf die nächtliche Krankenheilung bereiten sich der Schamane und seine Helfer mit Drogen und Zigarrenrauch vor.

Drei Nächte später folgte die Fortsetzung, diesmal ohne Störungen. Jetzt trank nur der Schamane *Yahé*, während die anderen Lieder über die Pflanzendroge sangen. Langsam tanzte der Zauberer um den Kranken herum, genau nach dem Rhythmus, den sein Federstab auf die Erde schlug. Im gleichen Rhythmus klatschten die schweren Halsketten aus Eberzähnen gegen seine schweißbedeckte Brust. Die Boa-Häute schimmerten metallisch im Licht der Flammen. Dann faßte er dem Patienten von hinten an die rechte Brust, schnalzte mit der Zunge und stieß unartikulierte Laute hervor. Seine Hand schien etwas aus dem kranken Körper herauszuholen, das er fest packte und in die Luft schleuderte. Diesen Vorgang wiederholte er mehrmals, wobei er zwischendurch die Finger vor seinen Mund hielt und sie lautstark anpustete. Schließlich nahm er einen großen Schluck *Yahé* und spuckte den Sud über Kopf und Nacken des Kranken aus. Gegen sechs Uhr morgens war die Zeremonie zu Ende. Den tieferen Hintergrund erfuhr Preuss von seinem Dolmetscher: Der Zauberer hatte nach dem Genuß der halluzinogenen Droge *Yahé* Visionen gehabt. Sein »zweites Gesicht« zeigte ihm eine Horde kleiner Menschen, die Seelen Verstorbener. Darunter sei auch ein böser Geist gewesen, der dem Kranken einen Splitter in die Brust gebohrt habe. Wenn der Schamane aber in die Haut einer Schlange oder das Fell eines Jaguars schlüpft, übertragen sich Stärke und Klugheit dieser Tiere auf ihn; er kann die negativen Kräfte besiegen und die Menschen von ihren Übeln befreien.

Preuss denkt an San Agustín, besonders an die Statuen mit dem tierischen Doppelgänger, welcher die Hauptfigur aus dem Kopf wächst, dem »anderen Ich«. Haben sie auch das »zweite Gesicht« oder kommt hier nicht vielmehr ihre »zweite Natur« zum Vorschein? Das Unbewußte, kaum Ergründliche, das in jedem Menschen steckt?

Nach dem Glauben der Uitoto besitzt jede Person einen

Schutzgeist, der mit ihr redet und sie ständig begleitet. Es gibt aber auch die Vorstellung von einem »anderen Ich« (*ie higage*), das durch einen Schicksalsschlag für immer vom eigentlichen Ich getrennt wird, worauf beide Teile ein völlig selbständiges Dasein führen.

In den meisten Erzählungen wird das »zweite Ich« erst durch die Einnahme von Drogen freigesetzt. Dafür ein Beispiel: Ein berühmter Häuptling hatte sein Feld angezündet, um es durch Feuer zu roden. Zu spät bemerkte er, daß ihn

Preuss sieht bei den Uitoto Holzfiguren, die Vorbilder für die steinernen Statuen im Hochland sein könnten.

bald schon von allen Seiten die Flammen bedrohten. Da sprach sein Schutzgeist zu ihm: »Ich habe ein Zaubermittel für Dich. Du mußt es nur aus dem Mund herausziehen und schwarzen Tabaksaft trinken.« Der Häuptling tat es, verwandelte sich in einen Kolibri und flog über das brennende Feld davon. Magie, Visionen erzeugende oder bewußtseinsverändernde Drogen – all das müssen auch die Bildhauer von San Agustín gekannt haben. Da es im Bergland nicht so viele Sorten von Rauschmitteln gab, ist es durchaus möglich, daß Indianer aus dem Urwald die entsprechenden Pflanzen lieferten.

Die Arbeit mit dem Phonographen machte erfreuliche Fortschritte. In Rosendo, der eigentlich *Rigasedyue* (»Der zum Volk der Menschenfresser gehört«) hieß, hatte Preuss seinen besten Informanten. Er war noch ein hundertprozentiger Indianer, der Geschickteste beim Speerkampf und der Wildeste bei allen Tänzen. Wenn er die alten Sagen erzählte, konnte man ihn kaum bremsen.

Ausgerechnet dieser Rosendo versuchte mit allen Mitteln zu verhindern, daß der weiße Mann jene Holzfiguren zu Gesicht bekam, die am Rand des Dorfes in einer Waldlichtung standen. Ein anderer Uitoto, der offenbar keine Furcht kannte, führte ihn zu der Tabuzone. Preuss ist erstaunt. Die über einen Meter großen Skulpturen aus rotem Brasil-Holz waren kaum verwittert. Sie hatten für ihren schmalen Körper einen überdimensionalen Kopf, die Arme waren nicht plastisch herausgearbeitet, sondern nur als Relief angedeutet und vor der Brust gekreuzt. Nur die Beine waren freigestellt. Vielleicht, denkt Preuss, sind solche Holzfiguren Vorbilder für die Steinkolosse von San Agustín gewesen. Einmal überrascht er Rosendo, wie er eine menschliche Gestalt mit erigiertem Penis schnitzt. Der Ethnologe ist begeistert und will sie ihm abkaufen. Rosendo jedoch schneidet das Glied ab und modelliert an der gleichen Stelle blitzschnell eine Schambinde. Völlig verblüfft schaut Preuss zu, da legt Rosendo die Skulptur übers Knie, zerbricht sie und brüllt ihn an: »Diese Figuren gehören zu unserer Religion und zu unseren Festen! Du sollst sie nicht haben, schon gar nicht für Geld!« Nach diesem Vorfall klagte Rosendo ständig über Heiserkeit, und es war nichts mehr aus ihm herauszubringen.

Dreieinhalb Monate blieb Preuss bei den Uitoto. Es ging ihm gut in dieser Zeit. »Nirgendwo habe ich so reiche Mahlzeiten an Wild aller Art täglich genossen wie hier, und wenn nicht die Sumpflandschaft, die schwüle Atmosphäre und die Moskitos gewesen wären, so hätte ich mich bei diesem Völkchen, das nichts von der angeblichen Melancholie und Düsterheit der Urwaldindianer zeigte, sehr wohl fühlen können«, schrieb er nach Hause.

Weniger angenehm war der Aufenthalt für Telésforo. Obwohl er wie sein Chef vorsorglich Chinin eingenommen hatte, litt er häufig unter heftigen Malaria-Anfällen. Und eines Morgens wachte er mit einer blutenden Wunde am großen Zeh auf; eine Vampir-Fledermaus hatte ihn gebissen.

Als Preuss die Uitoto verläßt, ist er nicht nur um 120 Mythen und Gesänge sowie um eine kleine Sammlung von Gebrauchsgegenständen der Indianer reicher. Er hat die Gastfreundschaft der Uitoto genossen und er hat erfahren müssen, wie fremd diesen Menschen die materielle Einstellung der Weißen ist, jedenfalls damals, im Juli 1914.

Die Kanus sind längst beladen, Waldläufer Leonardo und die Ruderer warten ungeduldig auf die Abfahrt. Als Preuss mit Telésforo händeschüttelnd und schulterklopfend durch ein Spalier halbnackter Eingeborener geht, tritt plötzlich Rosendo vor, um ihm noch etwas Passendes zum Abschied zu sagen: »Ihr Europäer seid wie die Flöhe: Erst saugt ihr alles aus, und dann verschwindet ihr wieder.«

Abb. S. 90-97: Statuen, die Konrad Theodor Preuss nie zu Gesicht bekam. Der sensationelle Fund wurde erst 1984/85 in El Purutal gemacht. Die Figuren sind komplett bemalt. Ihre Farben – rot, gelb, schwarz und weiß – entprechen dem Muster auf der Haut der Korallennatter (siehe Abb. Seite 46). Archäologen schließen daraus, daß ein Teil von San Agustín einer Schlangengottheit geweiht war.

»Meine mir ans Herz gewachsenen Riesen«

Zurück in San Agustín.
Die Eindrücke und Erkenntnisse aus dem Land der Uitoto sind für Preuss ein Schlüssel zum schweigenden Labyrinth der Gräber und Statuen. Er faßt zusammen: Diese gewaltige Anlage, die sich mehr als 500 Quadratkilometer über die Hügel um das spätere Dorf erstreckte, war kein Ort zum Wohnen, aber auch kein Friedhof, sondern ein riesiger Kultplatz, wo Menschen nur zu bestimmten Zeremonien zusammenkamen: um ihre göttlichen Ahnen zu verehren und ihre berühmten Toten zu feiern. Dennoch bleiben die Steinbilder für ihn »geheimnisvolle Zeugen einer barbarischen Kultur, die auf dem Kontinent fast so isoliert dastehen, wie die gigantischen Bilder der Osterinsel in der Wasserwüste des Stillen Ozeans.«

Am 11. August 1914 hört Preuss im Dörfchen Almaguer am Westhang der Zentralkordillere Gerüchte über einen bedrohlichen Konflikt in Europa: Attentat in Sarajewo, das Ultimatum Österreich-Ungarns an Serbien, Mobilmachung im Deutschen Reich. Bald werden die unsicheren Nachrichten zur Gewißheit: In Europa zerfleischen sich die Völker, Haß und Zerstörung greifen auf andere Erdteile über. Die Menschheit hat ihren Ersten Weltkrieg.

Kolumbien verhält sich neutral, doch der Schiffsverkehr mit Europa ist unterbrochen. Preuss kann nicht nach Deutschland zurück. Ursprünglich sollte sein Aufenthalt in Südamerika 19 Monate dauern, die Rückreise war für April 1915 vorgesehen. Doch das ist jetzt unmöglich. Der Krieg wirft nicht nur seine ganzen Pläne über den Haufen, sondern stürzt ihn in ungeahnte finanzielle Schwierigkeiten.

Noch einmal in San Agustín. Nächtlicher Streifzug durch die Kultstätte.

Geldsendungen, die bisher über die französische Bank Dugand in Barranquilla liefen, bleiben aus, weil die Franzosen keine Geschäfte mit dem Feind machen. Immer wieder bittet Preuss das Museum in Berlin um Überbrükkungshilfe. Seine Arbeitgeber bemühen sich, das Geld über neutrale Häfen oder Kreditinstitute befreundeter Länder zu überweisen. Mit großer Verzögerung erhält Preuss 3000, dann 2000 und noch einmal 2000 Mark. Diese Mittel verwendet er nur zu einem geringen Teil für seinen persönlichen Unterhalt. Das meiste gibt er für eine neue Forschungsreise aus, diesmal zu den Kágaba-Indianern in der Sierra Nevada de Santa Marta im Norden Kolumbiens, wo er sich von November 1914 bis April 1915 aufhält.

Bemerkenswert ist nicht nur der rege Wissensdurst und Arbeitseifer, mit dem der 45jährige Preuss wieder große Strapazen auf sich nimmt. Erstaunlich ist auch der Umstand, daß die kolumbianische Regierung deutsche Staatsangehörige völlig frei und ungehindert im Land einreisen und arbeiten läßt.

Grund dafür sind die traditionell ausgezeichneten Beziehungen zwischen beiden Nationen, die auch nach Ausbruch des Krieges weiterbestehen.

Wie die meisten Länder Südamerikas hatte Kolumbien seine Streitkräfte nach deutschem Muster organisiert. Offi-

ziere aus dem Reich dienten als Ausbilder in Heer und Marine. Außerdem hatte die deutsche Wirtschaft viel Kapital in das Land investiert, besonders in den Bergbau und die Agrarwirtschaft. Die *Compañía Hanseatica del Rio León*, von Bremer und Hamburger Kaufleuten geführt, besaß am Golf von Darién riesige Bananenplantagen und lieferte sich einen erbitterten Konkurrenzkampf mit der nordamerikanischen *United Fruit Company*. Vor allem in Küstenstädten waren namhafte deutsche Firmen niedergelassen. Die Dresdner Bank hatte 1906 als Tochtergesellschaft die Südamerikanische Bank gegründet, die mit einer Zweigstelle in Kolumbien vertreten war. 1912 wurde in Medellín das Geldinstitut *Banco Alemán-Antioqueño* eröffnet. Darüber hinaus gab es in Barranquilla, Cartagena und der Provinz Santander starke deutsche Kolonien.

Die mehr als wohlwollende Neutralität Kolumbiens während des Ersten Weltkrieges war den Alliierten ein Dorn im Auge. Das hing mit seiner geopolitischen Lage an der Nahtstelle zwischen der Nord- und der Südhälfte des Kontinents zusammen, mit dem Zugang zum Atlantik wie zum Pazifik und mit der Nähe zum Panamakanal.

Dies alles machte das Land verwundbar, begründete aber gleichzeitig seine besondere strategische Bedeutung.

Umso empörter waren die Briten, als sie von den Aktivitäten der »Gesellschaft für drahtlose Telegraphie« erfuhren. Es war eine gemeinsame Tochter der Firmen Siemens und AEG, die bald nur noch nach ihrem Warenzeichen Telefunken genannt wurde. Das Unternehmen hatte 1912 in Cartagena eine Funkstation mit allerneuester Technik eingerichtet, die über eine Reichweite von etwa 4000 Kilometern verfügte.

England fürchtete, die deutsche Station könne die Neutralität Kolumbiens unterlaufen, indem sie mit Kriegsschiffen in amerikanischen Gewässern Verbindung aufnehme.

Auf diplomatischen Druck ließ die Regierung in Bogotá die Anlage vorübergehend schließen, öffnete sie aber wieder, als sich ein Fachmann fand, der die Meldungen zensierte. Doch dann inspizierte der britische Militärattaché die Station und stellte fest, daß sie völlig unter deutschem Einfluß stand und kein einziger deutscher Angestellter entlassen worden war. London protestierte heftig und schaltete Frankreich und die USA ein. Jetzt gaben die Kolumbianer nach und machten die Station in Cartagena für die Dauer des Krieges dicht.

Merkwürdig war allerdings, daß die betroffene Gesellschaft auf jeglichen Schadenersatz verzichtete und der deutsche Gesandte in Bogotá, Dr. Kracker von Schwartzenfeldt, sofort und uneingeschränkt seine Zustimmung gab.

Die alliierte Presse witterte, daß der gewiefte Diplomat einen Trumpf in der Hinterhand haben mußte. Tatsächlich operierte noch eine deutsche Telegraphenstation, die aber bald demontiert wurde, auf der Insel San Andrés, und zwei weitere, in Arauca und Orocué, waren noch nicht fertig installiert. Man munkelte, die Deutschen hätten zahlreiche Funkstellen über das Land verstreut und so gut versteckt, daß man sie gar nicht überwachen konnte.

Kracker von Schwartzenfeldt hüllte sich in Schweigen. Er vertrat nicht nur geschickt die Interessen seiner Regierung, sondern half auch dem in Not geratenen Landsmann Konrad Theodor Preuss. Er lieh ihm monatlich 75 Dollar, zu 6 Prozent Zinsen. Das reichte gerade zum Überleben.

Preuss, ein bescheidener und anspruchsloser Mann, spürte, daß die Situation immer kritischer wurde. 1915 schreibt er an seinen Lehrer Eduard Seler: »Sollte der Krieg noch lange dauern, will ich doch versuchen, mit falschem Paß über New York hinüberzukommen, so gefährlich das auch immer ist. Aber ich hoffe zuversichtlich, daß der Friede

bis zum Herbst geschlossen sein wird.« Da hatte er sich gründlich getäuscht, und auch der Fluchtweg über Nordamerika war endgültig versperrt, als die Vereinigten Staaten 1917 in den Krieg eintraten.

Über dieses Ereignis jubelte in Kolumbien niemand. Man hatte dort noch nicht vergessen, daß Präsident Theodore Roosevelt 1903 die kolumbianische Nordprovinz Panama von einigen Marines besetzen und einen unabhängigen Staat ausrufen ließ, den aber die USA vollständig kontrollierten. Der deutschstämmige Schriftsteller Alfredo Hartwig schrieb 1917 in Bogotá, es sei nicht erstaunlich, wenn in Kolumbien »selbst die einfache indianische Bevölkerung begeistert den Berichten über die deutsche Offensive zuhörte, wenn diese öffentlich auf dem Marktplatz verlesen wurden.« Die Diplomaten der Alliierten forderten die Regierung auf, die prodeutschen Zeitungen *Germania* und *Transocean* zu verbieten. Doch Präsident Concha berief

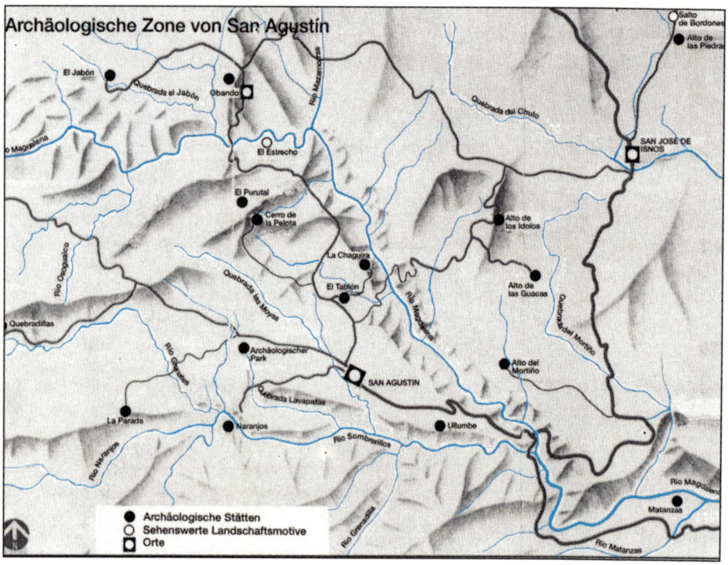

sich auf die in der Verfassung des Landes garantierte Pressefreiheit.

Als schließlich bekannt wurde, daß der irische Rebell Haines, der den blutigen Osteraufstand von 1916 gegen England in Dublin überlebt hatte, nach Kolumbien entkommen sei, tobte die internationale Presse. Angeblich hatte Haines den offiziellen Auftrag, in Puerto Colombia ein Piratenkommando zu übernehmen, das aus zwei Schiffen der Küstenwache mit deutscher Besatzung bestand und die Karibik unsicher machen sollte. Vor allem die Zeitungen des amerikanischen Pressezaren William Randolph Hearst beschuldigten Kolumbien, mit dem Deutschen Reich verbündet zu sein. Dazu erklärte Außenminister Marco Fidel Suárez am 30. März 1917: »Die von bestimmten nordamerikanischen Blättern, besonders von der *New York American*, veröffentlichten Berichte über eine Allianz zwischen Kolumbien und Deutschland sind absolut falsch.« In Bogotá kursierten inzwischen Gerüchte, Truppen der USA seien auf den Inseln San Andrés und Providencia gelandet. Washington dementierte sofort. Gleichwohl bleiben die Beziehungen äußerst gespannt. Kein anderer Staat in Lateinamerika wurde bis zum Ende des Krieges so oft der Kumpanei mit dem Deutschen Reich bezichtigt wie Kolumbien.

In diesem Land mußte Preuss seinen Aufenthalt unfreiwillig um viele Jahre verlängern.

Er hat sich in La Esperanza, einem Dorf an der Bahnlinie Bogotá-Girardot einquartiert. Dort lebt er zurückgezogen, ist aber durch die Telegraphendrähte mit der Welt und mit seiner Heimat verbunden.

Ein kolumbianischer Historiker besuchte ihn während dieser Zeit in seinem Hotel und war überwältigt, als er sein Arbeitszimmer betrat. Auf den Regalen lagen, systematisch angeordnet, unzählige Stöße Schreibpapier, die alle an der gleichen Stelle einen gelblichen Abdruck zeigten, wie ihn eine nachlässig abgelegte Zigarette auf einem Buch hinterläßt. Jeder dieser Papierberge stellte einen Buchstaben der von Preuss aufgezeichneten Indianer-Dialekte dar, und der Fleck war der Abdruck seines Daumens beim ständigen Blättern und Nachschlagen.

Auf den Brettern stapelten sich demnach die losen Seiten eines kompletten Wörterbuches, das eine fremde, verschollene Sprache zum Leben erweckte. Ein Schatz für die Wissenschaft!

Als der Kolumbianer den Deutschen auf ein altes Manuskript in der Nationalbibliothek aufmerksam macht, das die Grammatik einer längst ausgestorbenen Indianersprache enthalte, meint Preuss: »Die Notizen, die ich besitze, reichen aus, um den Rest meines Daseins zu arbeiten. Das Leben eines Menschen ist sehr kurz und jeder ist nur ein Glied in der langen Kette der Forschungen.« Preuss nutzt die fatale Zwangspause, die durch den Krieg entstanden ist. Er listet seine Sammlungen auf und macht sie versandfertig. Während die Heimat im Chaos versinkt, bringt er Ordnung in eine fremde Kultur. Über zweitausend Jahre war sie am Leben, bis sie lautlos verschwand, ohne daß ein Krieg sie ausgelöscht hätte. Soviel ist sicher.

Stundenlang hört er die Walzen seines Phonographen ab, schreibt die Texte der Uitoto Wort für Wort nieder und übersetzte sie ins Deutsche. Er arbeitet am Manuskript für sein großes Buch für San Agustín, das den wenig attraktiven Titel »Monumentale vorgeschichtliche Kunst« haben wird. Im Vorwort erinnert er sich mit Wehmut an »meine mir ans Herz gewachsenen Riesen aus dem innersten Kolumbien.«

Vielleicht waren die dreieinhalb Monate, die er mit Ausgrabungen und Abformungen in den dichtbewaldeten Bergen verbrachte, seine glücklichste Zeit in Südamerika.

September 1919. Der Krieg ist schon fast ein Jahr vorbei. Aber erst jetzt kann Konrad Theodor Preuss zurück nach Deutschland. Noch einmal läßt er sich auf dem mächtigen Rio Magdalena treiben, diesmal mit dem Luxusdampfer »Antióquia«. Die alte »Bremen« war bei Kriegsausbruch 1914 der *Colombia Railways & Navigation Company Ltd.* übereignet worden, wie die Schiffe anderer deutscher Reeder auch. Bald darauf wurde sie verschrottet.

In Calamar macht die »Antióquia« kurz Halt, um Holz zu bunkern. Die Augen des Deutschen bleiben an dem knallig roten Gebäude an der Uferstraße hängen. Hinter den aufgerissenen Fenstern im ersten Stock dudelt ein Grammophon immer wieder dieselbe Melodie von Jean Gilbert: »Puppchen, du bist mein Augenstern«. Auf der Kaimauer hockt ein Mann, in Lumpen gehüllt, aber mit polierten Schnürstiefeln an den Füßen. Sein Kopf und die Arme sind übersät von rosafarbenen Flecken und braunen Geschwüren. Er hält eine Zeitung hoch, die so schmutzig und zerknittert ist, daß Preuss nur mit Mühe die Schlagzeile lesen kann: »Emiliano Zapata ermordet. Der Held der mexikanischen Revolution ist tot!«

»Längst überholt«, meint Kapitän Rodríguez, der neben ihn an die Reling getreten ist, »das war im April dieses Jahres.« Dann spuckt er ins stinkende Wasser, stößt seinen Zeigefinger nach unten und knurrt angewidert: »Total verrückt, der Kerl. Hat sich die Syphilis geholt, in dem Bordell da vorn. Und so was war mal hier Lehrer!«

Einen Monat später.

An der Mole von Puerto Colombia wartet Preuss auf sein Schiff. Es ist dieselbe Stelle, an der er – lang ist's her – den Boden Kolumbiens betreten hatte.

Er war »am Ende der Welt«, wie er schrieb. Jetzt wollte er ans andere Ende dieser Welt, wo eine ganze Epoche zu Ende gegangen war.

Hartmut Schoen

Das Logbuch der »Bounty«

Die Wahrheit über eine weltberühmte Meuterei

Die Fauna-nui-Lagune im Norden der Insel Huahine mit einer künstlichen Landzunge.

Der Auftrag

Wir kennen ihn. Drei verschiedene Hollywood-Verfilmungen haben ihn zetern, toben, brüllen lassen – diesen aufbrausenden Despoten, diesen Menschenschinder und Sadisten: William Bligh, Kapitän der »Bounty« und zu Recht Opfer der wohl berühmtesten Meuterei in der Seefahrtsgeschichte. Er sieht entweder aus wie Charles Laughton (in der Fassung von 1935) oder Trevor Howard (1962) oder Anthony Hopkins (1984) – und jedesmal spuckt, keift und wütet es von der Leinwand herunter, daß einen so richtig wohlig die Gänsehaut überläuft.

Es war alles ganz anders. Schon sein Äußeres weicht erheblich von der diabolischen Fratze der Kinofassungen ab: zeitgenössische Porträts zeigen ihn mit überraschend milden Gesichtszügen, blaß und sympathisch sieht er aus, er hat eine schmale Nase, wirkt untersetzt und zeigt einen Bauchansatz. Aber es gibt außer alten Porträts noch andere mehr oder weniger historische Quellen: massenhaft Bücher jedweder Seriositätskategorie, Zeitungsberichte, von uralt bis brandaktuell, Zeichnungen, Skizzen, Skalen, Gerichtsurteile, Briefe. Doch die beste Quelle ist das Original: das Logbuch der »Bounty«, dieses Notat der täglichen Ereignisse. In win-ziger Krakelschrift säu-

Das Logbuch. Es gibt zwei Ausfertigungen davon. Diese, die ausführlichere, wird heute wie ein Staatsschatz in den Safes der State Library of New South Wales *in Sydney, Australien, verwahrt.*

Captain William Bligh. Zeitgenössischer Kupferstich.

berlich geführt vom Kapitän und seinem Schiffsschreiber, pflichtbewußt über die Meuterei gerettet, während der Irrfahrt durch die Südsee von Meerwasser, Regengüssen und Sonnenhitze zerfressen. Jahr-hunderte später dann restauriert, konserviert und – vor der Öffentlichkeit verborgen, wie ein Staatsschatz, in den Tresoren der nationalen Doku-

Die Brotfrucht, von den Botanikern Artocarpus altilis *oder* Artocarpus incisa *genannt. Die reife Frucht hat die Größe eines Kinderkopfes.*

mentensammlung, im sogenannten *Public Records Office* in London.

Der Kapitän hatte das Logbuch der »Bounty« mit der Nüchternheit eines königlichen Beamten, der einen hochoffiziellen Auftrag zu erfüllen hat, geschrieben: schnörkellos wie die Formulierung eines Verwaltungsaktes. Es wurde auch kein literarisches Kunstwerk erwartet, sondern die Niederschrift von Fakten, Daten und Nachrichten. Für sich selbst schrieb Bligh eine zweite, private Fassung des Logbuches. Das erste, also das offizielle, galt es ja nach Beendigung der Reise abzugeben – erst wenn das Logbuch im Besitz des königlichen Marinearchivs war, wurde die letzte Soldrate an den Schiffsführer ausbezahlt. Bligh fertigte also schon während der Reise eine Abschrift des Logbuches, versah sie mit etlichen privaten Notizen und Anmerkungen, ja, sogar mit Skizzen und kleinen Zeichnungen. Dieses Logbuch liegt heute in den Safes der *State Library of New South Wales* in Sydney, Australien, wohin sein Verfasser nie gekommen war.

»Der König geruht gnädigst, das Gesuch der Kaufleute und Pflanzer in den Westindischen Besitzungen, daß der Brotfruchtbaum nach jenen Inseln verpflanzt werden möchte, zu bewilligen.« Das war der Auftrag für die Reise der »Bounty«. Die Brotfrucht (bei den Botanikern *Artocarpus altilis* oder *Artocarpus incisa* genannt) galt es also zu verpflanzen. Von Tahiti zu den Plantagen in der Karibik.

Ortswechsel: Das ehrwürdige Britische Museum in London, diese viktorianische Kathedrale der kolonialen Forschung, des wissenschaftlichen Sammeleifers, der mit buchhalterischer Akribie betriebenen Archivierung toter Natur. Vorbei an den halbdunklen Grüften der entomologischen Abteilung mit ihren 450 000 aufgespießten Leibern, die enge Steintreppe hinauf und an mehreren hundert Regalmetern entlang, in denen sich Abertausende in Alkohol eingelegte Fischkörper stapeln, und dann endlich: die Halle mit den gepreßten Blüten, Blättern, mit den Zeichnungen, Schriften, Gemälden und Skizzen. All jenem, was botanischer Wissensdrang in den letzten Jahrhunderten hier zusammengetragen hat.

Tourismus ist heute ein Hauptwirtschaftszweig in Französisch-Polynesien. Ganze Inseln, wie hier Moorea, sind fest in der Hand der Reiseveranstalter.

Die feuersichere Stahlbox mit der Registriernummer XML23S bewahrt das, was einmal, im Naturzustand, den englischen König, seine Plantagenbesitzer in den Kolonien, letztlich auch William Bligh und die Mannschaft der »Bounty« in Verzückung versetzte: gepreßte, staubtrockene, nun schon mehr als 200 Jahre alte Pflanzenblätter. Die Blätter des *Bread-fruit*-Baumes aus der Familie der Moraceen, der Maulbeergewächse. Dazu Datum und Unterschrift: James Cook, 1769. James Cook hatte die Brotfrucht auf seiner ersten Reise in die Südsee (1768 bis 1771) entdeckt, sie als leicht pflanzbar, einfach zu ernten, vor allem aber als nahrhaft kategorisiert.

Das hörten die englischen Kolonialherren und Plantagenbesitzer in der Karibik gerne. Die Brotfrucht erschien ihnen geradezu wie Manna, das praktisch kostenlos vom Himmel fiel und künftig eine ideale tägliche Billignahrung für

Die »Bounty« – ein Nachbau aus der dritten Hollywood-Verfilmung. Sie kreuzt heute im Hafen von Sydney als Charterboot für Ausflügler. Eine Touristenattraktion.

die schwarzen Sklaven darstellen sollte. Aus den Dokumenten jener Zeit geht hervor, wie sehr man sich eine hohe Rendite von diesem Unternehmen erhoffte: Mit der Ernte von nur drei mittelgroßen Brotfruchtbäumen könne man einen Sklaven wohl schon ein Jahr lang gut ernähren, so ist zu lesen, und die Frucht, die bis zu vierzig Zentimeter lange werde, ergebe roh oder gebacken immer eine wohlschmekkende Nahrung.

Die gelassene Grazie und Schönheit der Frauen ist legendär seit den Tagen Louis-Antoine de Bougainvilles. Eine Fotositzung am Strand von Moorea.

Also erteilte am 5. Mai 1787 König George III. den Auftrag, ein Schiff ausfindig zu machen, das in der Lage war, die Setzlinge des Brotfruchtbaumes um den halben Erdball zu transportieren. Auch die *Royal Society*, also die Königliche Gesellschaft zur Pflege der Wissenschaften, meldete sich zu Wort: Sie wünschte sich, daß das Schiff eine Route befahren möge, die – zum Ruhme der Wissenschaft – um den ganzen Erdball führen sollte. Also von England über Kap Hoorn nach Tahiti und von dort übers Kap der guten Hoffnung nach Westindien. Den Transport der begehrten Pflanze hatte in königlichem Auftrag die *Royal Navy* zu übernehmen, denn der historische Stellenwert dieser Mission war bedeutend: Es war die erste Reise, der die Absicht zugrunde lag, aus den Entdeckungen in fernen Gegenden direkte Vorteile zu ziehen.

Das Schiff war schnell gefunden. Es war der Küstenfrachter »Bethia«, der mit 27 Metern Länge und 7,3 Metern Breite relativ klein war, aber immerhin 215 Tonnen wog. Man gab ihm nun den Namen »Bounty«, »Wohltat«, wohl wegen der großherzigen Bereitschaft Georges III., das Unternehmen zu finanzieren. Jetzt brauchte es noch den richtigen Mann an der Spitze, einen erfahrenen Kapitän.

Sir Joseph Banks, Präsident der *Royal Society* und der wohl einflußreichste Gelehrte dieser Zeit in England, war es, der dem König einen Mann empfahl, den er auf seinen Reisen mit Kapitän James Cook kennengelernt hatte: William Bligh.

Dieser hatte eine harte und gründliche Schule durchlaufen, rauhe, lange Lehrjahre, in denen er alle Widrigkeiten des Lebens auf See schon kennengelernt hatte. Als Siebenjähriger hatte der Sohn eines kleinen Zollbeamten aus

Noch heute fischen die Eingeborenen in der Fauna-nui-Lagune nach einer jahrhundertealten Methode: Mit der Flut schwimmen die Fische in lange Reusen aus Korallentrümmern. Bevor das Wasser wieder abläuft, hat man vorne die Öffnungen mit Steinen verschlossen. Die Fischer warten in strohgedeckten Unterständen, bis die Beute in der Falle sitzt.

Cornwall als Kapitänsdiener auf dem Kriegsschiff »Monmouth« seine seemännische Karriere begonnen, mit sechzehn war er »gewöhnlicher Matrose vor dem Mast« gewesen und mit zweiundzwanzig schon Leutnant unter Kapitän Cook, mit dem er vier Jahre auf der »Resolution« unterwegs gewesen war. Auch in der Südsee. Das war das wichtigste Argument: Bligh kannte Tahiti, die Gesellschaftsinseln. Und er galt als hervorragender Navigator und äußerst tüchtiger Schiffsführer.

Am 15. Oktober 1787 war es soweit: Der Umbau des Schiffes war beendet, die Ausrüstung vollständig, Proviant für achtzehn Monate geladen, vier vierpfündige Kanonen und zehn Drehbassen an Deck zu Verteidigung des Schiffes installiert, die Mannschaft komplett. Bligh, der die Ausführung des vielbeachteten Auftrags mit ganz besonderer Sorgfalt erledigen wollte, griff bei der Zusammenstellung der Mannschaft zum Teil auf Männer zurück, mit denen er auf früheren Reisen schon zusammengearbeitet hatte.

Zum Beispiel Fletcher Christian. Dreimal schon war Christian, ein Landedelmann aus Moreland Close in Cumberland im Nordwesten Englands, mit Bligh unterwegs gewesen. Vermittelt durch Kontakte seiner Familie, hatte er als Jugendlicher unter Blighs Obhut Navigation und Mannschaftsführung gelernt. Eine innige Beziehung war schnell entstanden. »Obwohl Bligh nur zehn Jahre älter war, scheint es, daß er den Vater ersetzte, den Christian als Vierjähriger verloren hatte. Und für Bligh war Christian der Sohn, den er mit seiner Frau nie bekommen sollte«, so Robert Lamb, Seemann und Metzger an Bord der »Bounty«, in seinen Erinnerungen. Bei der Brotfrucht-Expedition also sollte der 24jährige Christian nun die Funktion des Unteroffiziers übernehmen.

Außerdem waren neben dem üblichen Schiffspersonal ein Botaniker verpflichtet, ein Schreiber, ein Wundarzt und

– völlig unüblich – ein Geiger. Dieser, ein blinder Ire, sollte während der Abendstunden der Mannschaft zum Tanz aufspielen, »for their amusement«, wie es im Logbuch heißt. Auch ein Deutscher war an Bord: der Böttcher Heinrich Hillbrandt aus Hannover, den Bligh später einmal wegen seines »bad English« im Logbuch würdigt.

Die Stimmung der Mannschaft war enthusiastisch, weder der Nützlichkeit wegen, noch aus patriotischen Gründen: die Seeleute wollten den märchenhaften Zauber der Insel Tahiti und ihrer Frauen erfahren, wovon frühere, noch nicht zu lange zurückliegende Entdeckungsreisen berichtet hatten.

Der französische Weltumsegler Louis-Antoine de Bougainville zum Beispiel, der im April 1768 mit seinem Schiff auf Tahiti gelandet war (als erster hatte wohl der Spanier Fernandez de Quiros im Jahre 1606 die Inseln angelaufen; er nannte sie »Sagittaria«, aber seine Ortsbestimmung war so ungenau, daß der Engländer Wallis Tahiti 1767 »neu« entdeckte). Sein Buch *Voyage autor du monde* ließ ganz Europa von der Südsee munkeln, schwärmen, phantasieren – die ehrwürdigen Mythen vom Garten Eden hatten scheinbar reale Gestalt angenommen: überwältigt von der erotischen Gastfreundschaft der Tahiter, die den Franzosen Frauen und Mädchen zum öffentlich vollziehbaren Liebesakt angeboten hatten, schreibt Bougainville verklärt in seinen Aufzeichnungen: »Die Göttin der Liebe hat hier kein Geheimnis«. Das Paradies hatte jetzt einen Namen. Tahiti und die Südsee: eine unschuldige, üppige Welt, von tropischer Pracht, exotischen Wundern unter Mensch und Getier, unendlichen Freiheiten, eine arkadische Welt.

Eine etwa zwei Meter hohe Steinstatue, ein polynesischer Tiki, *auf dem Kultplatz bei Papara.*

Die Reise beginnt

Einen Tag vor Weihnachten, am 23. Dezember 1787, beginnt die große Reise. Heftige Stürme auf dem Kanal lassen schon den Anfang der langen Fahrt zur ungemütlichen Partie werden, doch herrscht immer noch beste Stimmung auf dem Schiff. Auf Teneriffa wird noch einmal frischer Proviant geladen, dann ist die »Bounty« unterwegs in die endlose Leere der Ozeane des Südens.

William Bligh, 1754 bis 1817. Ein Denkmal für den Kapitän am Überseekai im Hafen von Syndey, Australien.

Das Logbuch notiert all dies. Trocken, nüchtern und emotionslos wird festgehalten, daß die »HMS Bounty« am siebten Februar bei klarem Wetter den Äquator passiert, daß der Südost frisch und anhaltend bläst und das Schiff auf südlichem Kurs hohe Fahrt macht.

Einen Tag später meldet das Schiffstagebuch die Bestrafung des Matrosen Matthew Quintal. Grund: aufrührerisches Betragen. Quintal hatte dem 1. Offizier Fryer widersprochen und ihn beschimpft. Der Kapitän wurde Zeuge dieses Vorfalls und befiehlt nun, den Matrosen in Eisen zu legen und ihm zwei Dutzend Schläge mit der »cat-o'nine-tail«, der neunschwänzigen Katze, einer gefürchteten Peitsche, zu verabreichen. Eine extreme Strafe:

ein Dutzend Hiebe war für einen empfindlichen Menschen schon kaum zu ertragen, zwei Dutzend Schläge konnten tödlich sein...

Mißstimmung macht sich unter der Mannschaft breit. Die harte Bestrafung Quintals, auch die drangvolle Enge, in der die Männer leben und arbeiten, zeigt erste Wirkung. Auch geht das Gerücht um (erst Jahre später, bei der Gerichtsverhandlung gegen die Meuterer, wird der Kapitän davon erfahren) daß Bligh sich vor der Abfahrt aus England zwei Käselaibe, die aus dem Proviantmagazin der königlichen Flotte übernommen worden waren, angeeignet und sie seiner Frau übergeben habe. Auch munkelt man, daß William Bligh bei den Proviantkäufen auf Teneriffa ebenfalls in die eigene Tasche gewirtschaftet habe.

Man sagt, es sei die schönste Bucht der Welt: von der feurigen Geburt der Insel Moorea zeugen die erstarrten Schlote erodierter Vulkane, die die Cook-Bay *umgeben. Eine Namensgebung, die allerdings in die Irre führt: Cook hat hier nie geankert.*

Tatsache ist, daß Bligh, wie die meisten Schiffsführer der königlichen Flotte, als Kapitän gleichzeitig die Funktion des Zahl- und Proviantmeisters auf seinem Schiff übernommen hatte. Für dieses Amt wurden ihm, wie auch anderen Kapitänen, zwei Schilling pro Tag von seinem Kapitänssold abgezogen (!) – die Admiralität setzte voraus, daß der Schiffsführer wohl einen entsprechenden Nutzen aus der Wirtschaftsführung seines Schiffes zog.

Am Morgen des 16. Februar ruft laut Logbuch der Matrose Richard Skinner im Ausguck »Schiff in Sicht« – es war der Walfänger »British Queen«, der achtzehn Tage früher als die »Bounty« ausgelaufen und nach Kapstadt unterwegs war. Es ist der letzte Kontakt mit einem bekannten Schiff.

Logbuch, 23. März 1788. Die Küste von Feuerland kommt in Sicht. Gegen neun Uhr vormittags liegt Kap Diego an Steuerbord voraus. Das Schiff läuft, unter steifen Westsüdwest, auf südsüdöstlichem Kurs.

Kap Hoorn – Tage des Grauens

Es wird kalt, Sturm kommt auf, Regenböen peitschen das Schiff. Zwar segelt die »Bounty« gut am Wind, wird aber durch die Macht dieses Südweststurmes immer wieder nach Osten zurückgetrieben. Hagel, eiskalter Regen, auch Schneeböen fegen über Deck, Tag und Nacht. Die Mannschaft arbeitet unter Lebensgefahr und bis zur absoluten Erschöpfung. Das Logbuch berichtet immer wieder von schwerem Wetter, ungünstigen Winden und davon, daß das Schiff nach durchkämpftem Tag, anstatt vorwärtszukommen, weiter nach Osten zurückgeschlagen und abgetrieben wird.

Bligh will die Routenorder der Admiralität um jeden Preis erfüllen. Zwar hatte er seine Auftraggeber von den zu erwartenden Wetterbedingungen am Kap Hoorn infor-

Die Inseln von Französisch-Polynesien sind noch immer Ziel von Seglern aus aller Welt. Hier der supermoderne Viermaster »Windsong«, der, computergesteuert, 2000 Quadratmeter Segel entfalten kann.

miert (was zumindest die *Royal Society* bewogen hatte, Bligh die Reiseroute letztlich selbst zu überlassen), doch er war vermutlich zu ehrgeizig, die ursprünglich gewünschte Reiseroute zu verlassen. Das Logbuch meldet zwei gebrochene Rippen bei Thomas Hall, dem Schiffskoch, ein ausgekugeltes Schultergelenk beim Matrosen Thompson, schweren Rheumatismus bei einigen Männern der Mannschaft.

Dreißig Tage kämpft die »Bounty« in der wütenden See um Kap Hoorn um die Durchfahrt in den Pazifik. Vergeblich.

Schließlich läßt Bligh abdrehen und Kurs in entgegengesetzte Richtung anlegen.

Verfolgt man im Logbuch den Ablauf der Ereignisse, so entsteht vordergründig nun doch der Eindruck, daß William

Bligh zu Recht den Ruf eines teuflischen Menschenschinders hatte. Aber dieser Eindruck ist falsch.

Ein kurzer Exkurs ist nötig. Will man etwas verstehen von der Situation auf den Schiffen damals oder von den politisch-sozialen Hintergründen, die den Seemannsberuf in jenen Tagen prägten, so unternimmt man am besten eine Reise nach London, genauer in den Stadtteil Greenwich, ins *National Maritime Museum* an der Romney Road.

Hier ist alles zusammengetragen, was das *British Empire* zum Thema Seefahrt an Archivierbarem hervorgebracht hat.

Die Reise der »Bounty«, so ist hier in den Archiven festgehalten, war eine offizielle Marineexpedition. Niemand sonst, außer der königlichen Marine, verfügte über derart spezialisierte Schiffe und Ausrüstung für Reisen von langer Dauer und in unerforschtem Gewässer. Niemand sonst bemühte sich derart um die Ausbildung der Mannschaften. Es galt, im Wettlauf mit anderen expandierenden Kolonialstaaten, sowohl neue Ländereien, Handelspartner und Handelswege zu finden, als auch strategisch wertvolle Seerouten, Durchfahrten, Wasserstraßen, Küsten und Häfen zu erobern.

Zu Beginn der zweiten Hälfte des 18. Jahrhunderts kreuzten Kriegsschiffe der britischen Marine auf beinahe allen Meeren der Welt, sie kontrollierten die Schiffswege zum Indischen Ozean und in den Fernen Osten, quer über den Atlantik bis zu den Kolonien in Amerika und Westindien, sie waren im Mittelmeer genauso präsent wie in der Nordsee. Handelsmissionen und Stützpunkte in aller Welt flankierten die Ausweitung des britischen Imperiums. Dazu waren Massen von Schiffen nötig – die königlich-britische Flotte war Englands Arm, der die Welt umfaßte, der Stolz, die Hoffnung, die Lebensgrundlage der Nation. Sie war die größte der Welt.

Die riesige Anzahl der Schiffe, die Dauer der Reisen, aber auch die unzähligen Schiffsverluste erforderten natürlich eine noch viel größere Anzahl von Seeleuten, Offizieren, Kapitänen. Für die höheren Ränge war Nachwuchs rar: Um all die Fähigkeiten zu erwerben, die nötig waren, auf einem Schiff als Kommandant, Offizier oder Bootsmann arbeiten zu können, mußte man sich schon in jungen Jahren der Seefahrt verpflichten.

Die niederen Ränge, also die einfachen Seeleute, waren oft genug unfreiwillig an Bord gekommen – die Werber und das Heuerpersonal waren damals nicht wählerisch, wenn es darum ging, Männer aufs Schiff zu lotsen. Weder in England, noch in irgendeiner anderen seefahrenden Nation; denn der Bedarf an Mannschaftspersonal war, wie schon bemerkt, groß. Er ließ auch unfaire Methoden in jenen Zeiten als üblich erscheinen: ein Großteil der Mannschaften wurden in Seemannskneipen angeheuert oder gar mit Gewalt gepreßt. Und manch einer wurde Matrose, der frisch aus dem Gefängnis kam oder ihm entgehen wollte.

Der Alltag an Bord war gerade bei langen Expeditionen kein Zuckerschlecken: nichts konnte das Leben auf See leicht oder sicher machen; madiger Käse, knochenhartes Pökelfleisch und fauliges, nasses Brot bildeten die tägliche Nahrung an Bord; die körperliche und psychische Anspannung während einer solchen Schiffsreise waren beträchtlich, über Monate, ja oft Jahre, lebten und arbeiteten die Männer – tausende Meilen von Frau und Kind entfernt – auf allerengstem Raum zusammen; es erforderte präzise gemeinschaftliche Arbeit, Anstrengung oft bis zur totalen Erschöpfung, Behendigkeit, Stehvermögen und Härte; wegen des häufigen Schichtwechsels auf See hatten die Männer oft nicht mehr als vier Stunden Schlaf pro Nacht und meist sehr viel weniger; es gab keine Möglichkeit, das Schiff zu beheizen, und für gewöhnlich keine Gelegenheit, bei Stürmen,

Nebel oder Regengüssen die Kleidung zu trocknen; dazu das Risiko jenseits der Grenzen des Bekannten und Erforschten, die Furcht vor Neuem, Unerwartetem, Unheimlichem. Und die ganz konkrete Angst vor Typhus, Skorbut und tropischem Fieber.

Kehren wir zur »Bounty« und William Bligh zurück. Von den Meeren, die Bligh und seine Mannschaft befuhren, wußte man nur Bruchstückhaftes oder gar nichts. Das Schiff und seine Männer waren ganz auf sich alleine gestellt. Keine Hilfe konnte sie erreichen – und wie gefährlich dies war, hatte das Schicksal des Schiffes »Centurion« gezeigt, das unter Kapitän Commodore Anson in königlichem Auftrag wenige Jahre zuvor die Welt umsegelt hatte. Die »Centurion« war im Konvoi unterwegs gewesen. Von den sieben Schiffen des Flottenverbandes erreichte lediglich eines wieder den heimatlichen Hafen, von 510 Seeleuten überlebten nur 130 die Reise.

Bligh war jetzt beauftragt, dem gleichen Kurs zu folgen, ohne Begleitschiff, mit nur 45 Mann Besatzung. Er hatte keine Reserven, auch keinen Spielraum für Irrtümer oder Fehler.

Daß William Bligh seinen heutigen Ruf als teuflischer Menschenschinder zu Unrecht besitzt, beweisen folgende Tatsachen, die durch das Logbuch, die Heuerbücher und die Quellen in den Archiven belegt werden können.

Das Gros der Seeleute der »Bounty« stammte aus den feuchten Slums in Wapping, Plymouth oder Portsmouth, wo Armut, Krankheit und Hunger das Leben zur Hölle machten. Auf der »Bounty« erhielten die Männer – hier zum ersten Mal in der Geschichte der Seefahrt – drei warme Fleischmahlzeiten am Tag. Als Mittel gegen den gefürchteten Skorbut ließ Bligh zusätzlich Sauerkraut, Zitronensaft und gepreßtes Malz bei den Mahlzeiten ausgeben.

Der Geiger, den Bligh bewußt zur Zerstreuung seiner

Männer mit an Bord genommen hatte, war nicht das einzige Entgegenkommen. Um den Seeleuten längere Ruhezeiten zu verschaffen, änderte Bligh das bisherige System der zwei Wachen in eines mit drei Schichten um. Standen bei hohem Seegang, wie etwa vor Kap Hoorn, die Schlafplätze der Matrosen unter Wasser, durften die Männer – auf anderen Schiffen der Marine undenkbar – in seinem Salon schlafen.

Er ließ rund um die Uhr ein Herdfeuer brennen, damit die Mannschaft ihre durch Sturm und Wellengang durchnäßte Kleidung trocknen konnte. Er legte, um den Ausbruch von Krankheiten so gut wie möglich unter Kontrolle halten zu können, größten Wert auf Sauberkeit und gute Durchlüftung aller Räume. Der angebliche Unmensch Bligh verliert auf dieser Reise dank seiner Vorsorge keinen einzigen Mann durch Krankheit. Aus den verfügbaren historischen Quellen entlarvt sich so das Bild von einem despotischen brutalen Kapitän als Denunziation. Bligh ist ein äußerst fürsorglicher Kapitän, der sich in ungewöhnlichem Maße um das Wohl seiner Crew kümmert.

Laut Logbuch beschließt Bligh also am 22. April 1788 den Kurswechsel in Richtung Osten, die Stürme des Kap Hoorn nun im Rücken, in Richtung Kap der Guten Hoffnung. Blättert man etliche Seiten weiter, dann folgt unter dem Datum des 25. Oktober 1788 endlich die Notierung »Land in Sicht«. Seit Kap Hoorn war ein halbes Jahr vergangen und eine Strecke von beinahe 20 000 Seemeilen zurückgelegt, davon ein großer Teil in den klimatisch rauheren Seegebieten des gar nicht so ruhigen Stillen Ozeans, südlich des 40. Breitengrades.

Tahiti – die »schönste Insel der Welt«

Logbuch, 26. Oktober 1788: »Sonntag, 9.00 Uhr, Matavai-Bucht, 77 1/2° Fahrenheit (25° C); 12.00 Uhr, 83° Fahrenheit (28°). Heiter. Starker Passat.« Es ist die gleiche Bucht, unterhalb des von Cook getauften *One-tree-hill,* in der bereits zwanzig Jahre zuvor Samuel Wallis und James Cook an Land gegangen waren.

Man kann sich die Freude der Mannschaft unschwer vorstellen, endlich, nach den Strapazen der langen Reise, nun Land, Menschen, blühende Natur zu sehen – das Paradies auf Erden ist erreicht: Tahiti, »die schönste Insel der Welt« – so Bligh in seinem Tagebuch.

Eingeborene rudern in Auslegerkanus heran und überschütten die Fremden mit Blumen und Geschenken. Die Mädchen, nur mit bunten Hüfttüchern bekleidet, erweisen sich tatsächlich bald als so freizügig, wie es sich die Europäer immer erträumt und gewünscht haben.

Bligh, der angebliche Unmensch, ist, entgegen aller Vorschriften, äußerst großzügig: die Mädchen dürfen an Bord und über Nacht auf der »Bounty« bleiben. Am nächsten Morgen versucht der Kapitän, die Disziplin und Ordnung wieder einigermaßen herzustellen. Er beauftragt seinen Freund Fletcher Christian, unverzüglich auf der Landspitze »Venus« – dort, wo Kapitän Cook seine Sternwarte errichtet und 1769 (vergeblich) versucht hatte, den Durchgang der Venus durch die Sonnenbahn zu beobachten – ein großes Zelt aufzuschlagen, ein Gebiet abzugrenzen und durch Wachen abzusichern, wo er die Pflanzen der Brotfruchtbäume unterbringen will.

Was in den kommenden Wochen und Monaten folgt, ist für die Mannschaft Müßiggang und Erholung an sanften Küsten, weiten Stränden, unter Palmen und auf grünen Bergen.

Die Gastfreundschaft der Insulaner ist überwältigend, es wird zusammen getanzt, gelacht, geliebt. Einige der Seeleute wohnen sogar mit Eingeborenenfamilien zusammen. Man fühlt sich geborgen: im Laufe der Zeit lassen sich zum Beispiel fast alle Matrosen – wie auf Tahiti üblich – ihre Haut mit Tätowierungen (der Begriff stammt von dem tahitischen Wort *tatau*) verzieren. Fast alle Männer haben jetzt auch ihre festen Frauen oder Liebschaften – ein Leben wie in einem Traum, Tage wie im Schlaraffenland.

Manchmal aber auch Tage mit Folgen: schon die ersten Europäer unter Bougainville, Cook oder Wallis hatten auf der Insel unangenehme Spuren hinterlassen, zum Beispiel die Syphilis. Die Eingeborenen nannten sie daher die »englische Krankheit«.

Tahiti in der Morgensonne. Deutlich sind das Saumriff und die Lagune zu erkennen. Im Hintergrund das Dorf Faaa, auf der Nordostseite des Eilands – dem Küstenabschnitt, an dem die »Bounty« landete.

Bligh hatte Schwierigkeiten, in der gerade begonnenen Regenzeit genügend Brotfrucht-Schößlinge so zu verpacken, daß sie transportfähig bleiben. Viele verfaulen. Das hat zur Folge, daß die Liegezeit der »Bounty« sich wieder und wieder verlängert. Fünf Monate bleibt das Schiff in der malerischen Bucht vor Anker – niemals zuvor war ein britisches Schiff so lange in einer Südseebucht gelegen.

Die Disziplin der Männer ist geschwächt. Anfang des neuen Jahres, am 5. Januar 1789, als morgens um vier Uhr die Mittelwache abgelöst wird, fehlt, so berichtet das Logbuch, eines der Beiboote. Der Waffenmeister Charles Churchill, der Kapitänssteward William Muspratt und der Matrose John Millward werden vermißt. Sie sind geflüchtet und haben acht Gewehre und Munition dazu mitgenommen.

Die Matavai-Bucht. Hier hatten vor Bligh schon Wallis und Cook Anker geworfen.

Der Pointe Venus *an der Matavai-Bucht. Hier war es, wo Cook sein Fort zur Beobachtung des Venusdurchganges baute. Dieses kleine Monument erinnert daran. Bligh ließ 1788 an gleicher Stelle einen umzäunten Lagerplatz für seine Brotfrucht-Setzlinge errichten.*

Bligh geht mit einer Handvoll Männer selbst auf die Suche nach den Deserteuren und stellt sie auf der Insel Tetiaroa, zehn Meilen nördlich von Tahiti. Wieder reagiert Bligh mit einem vergleichbar milden Urteil: Er läßt die Männer, laut Logbuch, 14 Tage in Eisen legen und ihnen 24 Hiebe mit der »neunschwänzigen Katze« verabreichen. Nach damaligem Gesetz hätten die drei vors Kriegsgericht gestellt werden müssen, das sie unweigerlich zum Tode durch den Strang verurteilt hätte.

Einen Monat später kappen einige aus der Mannschaft das Ankertau der »Bounty«, um sie stranden zu lassen und so eine Rückreise nach England zu untergraben – der Zwischenfall wird rechtzeitig entdeckt. Die Meuterei wirft ihre Schatten voraus. Doch Bligh kann oder will die Zeichen nicht sehen. Am 1. April sind 1015 Schößlinge des Brot-

Porträt eines Häuptlings der Marquesas-Insel Tahuata aus dem 19. Jahrhundert. Auf der Stirn ist er tätowiert.

fruchtbaumes geladen und verstaut, drei Tage später, so meldet das Logbuch, gibt William Bligh den Befehl, die Anker zu lichten und Segel zu setzen. »Vorräte: 25 Schweine, 17 Ziegen, 47 Tonnen Wasser. Krankenliste: 2 Geschlechtskranke.«

Und bewegt notiert Bligh in seinem Tagebuch: »Nun sagen wir unserem Tahiti ein langes Lebewohl, nachdem wir dort die schönsten Beweise der Freundschaft und Achtung genossen hatten...«

Wie immer am Anfang einer neuen Reise entstehen Spannungen an Bord: nach dem Müßiggang an Land werden die Männer plötzlich wieder in die Bordroutine gepreßt, der gemeinsame Rhythmus muß gefunden, die Disziplin wiederhergestellt werden. Verglichen mit dem freien Leben auf der Insel, herrscht nun ein Tagesablauf wie im Gefängnis.

Der schon weit zurückliegende, nun aber wieder ins Bewußtsein rückende Fehler Blighs, aus blankem Ehrgeiz Kap Hoorn gegen die Westwindtrift umrunden zu wollen, der lange Aufenthalt in Tahiti, die langsame Zersetzung von Disziplin und Verantwortungsbewußtsein, die Enge und das Gedränge auf dem viel zu kleinen Schiff, die oft aggressive Atmosphäre während der Arbeit, auch die nicht gerade rosig wirkenden Lebens- und Berufsaussichten daheim im fernen England, all dies bereitet den Boden, auf dem die Ideen zur Meuterei gedeihen.

Die vielen Neuerungen, die Bligh zum Wohle seiner Seeleute einführte, erreichten bei einigen gerade das Gegenteil: diese Neuerungen machten ihn in ihren Augen suspekt. Sie hielten ihn deshalb wohl für weich, seine Autorität für untergrabbar. Seine Milde wurde nur von einem Teil der Mannschaft mit Wohlwollen registriert.

Man war eine Führung wie diejenige Blighs nicht gewohnt. Nicht seine Milde, während gleichzeitig in der königlich-englischen Marine die »Articles of War« drakonische Strafen vorsahen: für Schlagen eines Offiziers: To-

Umpflanzen der Brotfrucht-Setzlinge von Tahiti; im Boot William Bligh. Handkolorierter Kupferstich von Thomas Gosse (1765-1844).

Die Pareos, *farbige Tücher, die um den Leib geschlungen werden, sind noch heute bei Frauen wie Männern beliebte lässige Kleidungsstücke.*

desurteil. Für Streiten mit einem Offizier: Todesurteil. Für homosexuelle Handlungen: Todesurteil. Bligh war während der 17 Monate dauernden Reise mit elf Bestrafungen, also kaum mehr als zweihundert Hieben mit der »neunschwänzigen Katze«, ausgekommen. Zwar war er manchmal cholerisch, beleidigend und auch ungerecht, aber dies – so ist es in den Gerichtsprotokollen belegt – blitzartig, und nur für kurze Zeit.

Die Stunde der Rebellen

Wie viele Ereignisse mit unübersehbaren Folgen, beginnt auch die wohl berühmteste Rebellion in der Geschichte der Seefahrt als kurze, eher beiläufig wirkende Angelegenheit.

Am Vorabend der Meuterei, 22 Tage nach dem Ablegen von Tahiti, auf der Höhe der Insel Tofua, 1500 Seemeilen von Tahiti entfernt, reklamiert Bligh gegenüber dem Offizier Fletcher Christian (dem er sich ja auch, wie schon beschrieben, freundschaftlich verbunden fühlt) das Fehlen von Proviantbeständen. Sein Ton ist offenbar wieder einmal ungehalten, er nennt Christian einen »Hund« und »Schurken«, um ihn kurz darauf, wie wenn nichts gewesen wäre, zum Abendessen in seinen Salon einzuladen.

Dies muß den Offizier sehr getroffen haben. Und so entsteht aus der üblichen Unzufriedenheit der Mannschaft und den momentanen Rachegedanken des Fletcher Christian der fatale Sog, der die kommenden Ereignisse einleiten sollte.

Tief verletzt über die Äußerungen des vermeintlich verlorenen Freundes Bligh, beginnt Christian in dieser Nacht ein Floß zu bauen, mit dem er während der Dunkelheit unbemerkt das Schiff verlassen möchte, letztlich wohl, um

Ein Leben im Überfluß. Auf den meisten größeren Inseln ist Trinkwasser im Übermaß vorhanden. Wasserfall bei Mahina auf Tahiti.

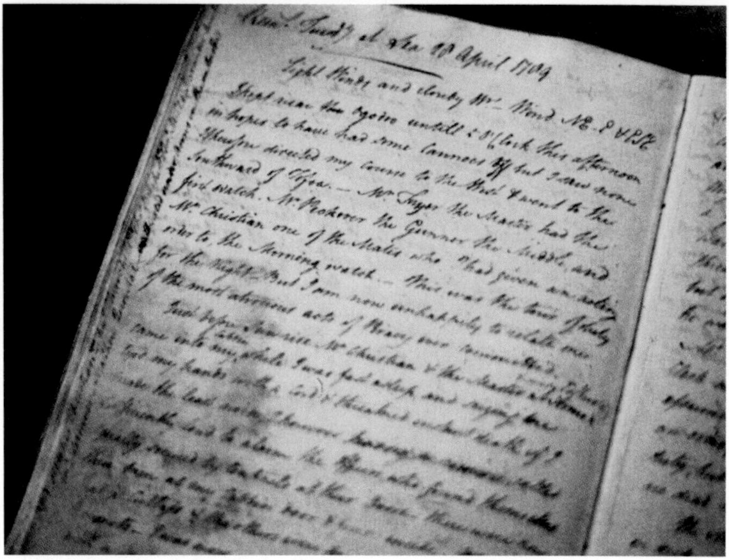

Die Eintragungen am 28. April 1789, dem Tag der Meuterei. Im ersten und zweiten Abschnitt der Seite sind die gewöhnlichen Eintragungen protokolliert, zum Beispiel die Windverhältnisse. Im dritten, offensichtlich nachträglich notierten Abschnitt, beginnt die Beschreibung der Revolte (»...Just bevor sunrise...«).

sich selbst umzubringen. Doch er wird beobachtet. Der Kadett George Steward und bald auch andere versuchen, Christian von seinem Plan abzubringen.

Die Idee zur Meuterei wird geboren.

Bligh, der stets bei offener Kajütentür schläft – seine Offiziere sollten auch nachts Zutritt haben, wenn sie eine Entscheidung des Kommandanten brauchten – wird im Schlaf überrascht. Bligh beschreibt in den Gerichtsprotokollen die Ereignisse des 28. April 1789 so: »Kurz vor Sonnenaufgang, als ich noch schlief, kamen Herr Christian, der Waffenmeister Churchill, der Konstablersmaat John Mills und der Matrose Thomas Burket in meine Kajüte, ergriffen mich, banden mir die Hände mit einem Strick auf den Rücken und drohten, mich augenblicklich töten zu wollen, wenn ich nur den geringsten Lärm machen würde. Ungeachtet dieser Drohung rief ich so laut, daß jedermann im Schiff alarmiert werden mußte, aber die Empörer hatten sich der Offiziere, die nicht auf ihrer Seite standen, bereits dadurch versichert, daß Wachen vor ihren Kajüten aufgestellt waren.«

Bligh wird im Hemd an Deck geführt. Er versucht sich zu wehren, Gefolgsleute um sich zu scharen. Vergebens. Christian schreit ihn an: »Schweigt, Herr, oder Ihr seid des Todes!« Dann beschimpft ihn auch die Mannschaft, er wird mit Bajonetten und Messern bedroht.

Dem Schiffsschreiber John Samuel verdankt er die Rettung des Logbuches, seiner Tagebücher, seines Patents und verschiedener wichtiger Schiffspapiere. Samuel wird in ein Beiboot gestoßen, das schon zu Wasser gelassen worden ist. Ebenso der Schiffsmeister Fryer, der Wundarzt Ledward, der Botaniker Nelson, der Konstabler Peckover, der Bootsmann Cole, der Zimmermann Purcell, der Steuermannsmaat Elphinstone, die Seekadetten Hayward und Hallet, die Quartiermeister Simpson, Norton und Linkletter, die Köche Smith und Hall, der 14jährige Schiffsjunge Tinkler, der Metzger Lamb und schließlich William Bligh selbst.

Notizbuch von Captain William Bligh, in welchem er, während seiner Odyssee im Ruderboot, die Ereignisse nach der Meuterei protokollierte. Nationalbibliothek von Australien, Canberra.

Die Meuterer setzen Captain Bligh, einige Offiziere und einen Teil der Mannschaft auf hoher See aus. Kurioserweise hat der Zeichner den Spezialauftrag der »Bounty« durch zwei eingetopfte Brotfrucht-Bäumchen am Heck verdeutlicht.
Handkolorierter Kupferstich von Robert Dodd (1748-1816).

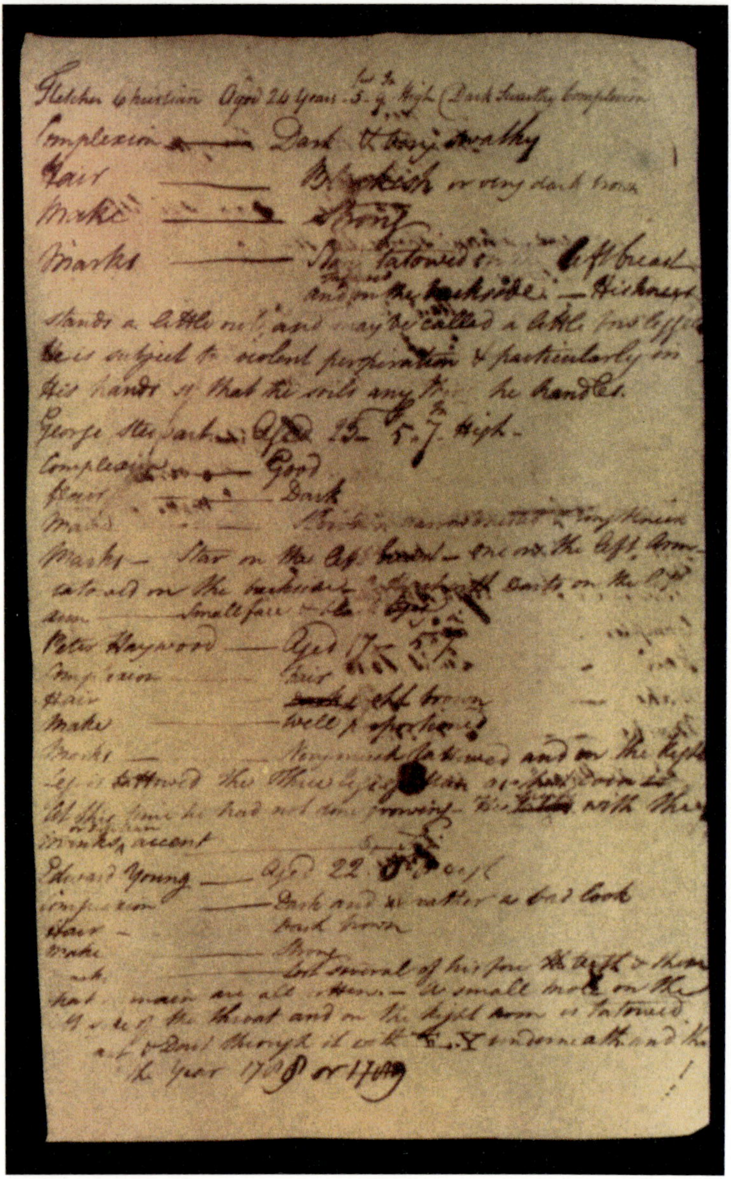

Fletcher Christian Aged 24 years – 5 ft 9 in High (Dark Swarthy Complexion
Complexion — Dark & very swarthy
Hair — Blackish or very dark brown
Make — Strong
Marks — Star tatowed on the left breast
and on the backside — His knees
stands a little out and may be called a little bow legged
He is subject to violent perspiration & particularly in
His hands so that he soils any thing he handles.
George Stewart — Aged 23 — 5 ft 7 High —
Complexion — Good
Hair — Dark
Make — Slender narrow chested & long neck
Marks — Star on the left breast — one on the left arm
tatowed on the backside — a heart with darts on the left
arm — small face & black eyes
Peter Haywood — Aged 17 — 5 ft 7
Complexion — Fair
Hair — light brown
Make — well proportioned
Marks — Very much tatowed and on the right
Leg is tatowed the Three legs of Man as that coin is
At this time he had not done growing — He speaks with the
Manks or Isle of Man accent
Edward Young — Aged 22 — 5 ft 8 in
Complexion — Dark and has rather a bad look
Hair — Dark brown
Make — Strong
Marks — Lost several of his fore teeth & those
that remain are all rotten — A small mole on the
left side of the throat and on the right arm is tatowed
a heart & dart through it with E. Y underneath and the
date of the year 1788 or 1789

Es wird ihnen erlaubt, Segel, Stricke, Tauwerk, 28 Gallonen Wasser (etwa 125 Liter), Schiffszwieback, ein kleines Quantum Rum und Wein, einen Quadranten und einen Kompaß, nicht aber eine Karte oder Blighs Vermessungen und Zeichnungen mit an Bord des viel zu kleinen Bootes zu nehmen. Etliche andere Männer wollen, aber können nicht mehr mit.

Es kommt zu bewegenden Szenen: der Kajütwächter Martin, der Büchsenmeister Coleman, die Zimmerleute McIntosh und Norman, auch der Matrose Byrne bitten den Kapitän, ihnen zu verzeihen und niemals zu vergessen, daß sie an der Meuterei nicht teilgenommen hätten.

Dann wird das kleine, hoffnungslos überladene Boot unter Hohn und Spott der Meuterer vom Schiff weg in den weiten Ozean gestoßen. Hier im Tonga-Archipel, wo die Meerestiefe bis zu elf Kilometern betragen kann, sind die Männer nun alleine.

Eintragung in Blighs Notizbuch, die den Meuterer Fletcher Christian beschreibt.

Der Text:

»Fletcher Christian. Aged 24 years – feet 5. In 9. High Dark Swarthy Complexion.

Complexion	*Dark & very swarthy*
Hair	*Blackish or very dark brown*
Make	*Strong*
Marks	*Star tatowed on the left breast and tatowed on the backside. – His knees stands a little out and may be called a little bow legged. He ist subject to violent perspiration & particularly in His hands so that he soils anything he handles…«*

Übersetzung:

Fletcher Christian, 24 Jahre alt, Größe 5 Fuß 9 Zoll, dunkelhäutige Gesichtsfarbe.

Haar	*schwärzlich oder sehr dunkelbraun*
Erscheinung	*stark*
Besonderheiten	*tätowierter Stern auf der linken Brust und am Hintern tätowiert. – Seine Knie stehen ein wenig nach außen und können etwas rundbeinig genannt werden. Er neigt dazu, stark zu schwitzen und dies speziell an den Händen, so daß er alles beschmutzt, was er berührt…*

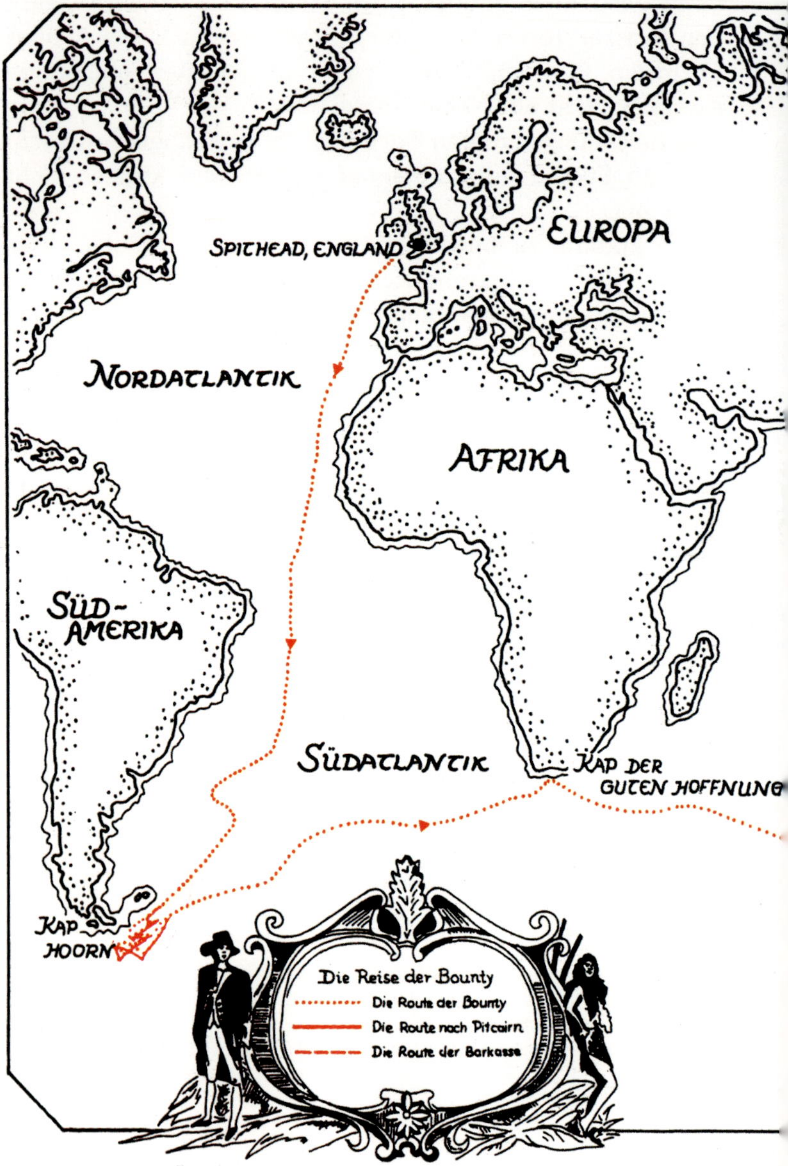
SPITHEAD, ENGLAND
EUROPA
NORDATLANTIK
AFRIKA
SÜD-
AMERIKA
SÜDATLANTIK
KAP DER
GUTEN HOFFNUNG
KAP
HOORN
Die Reise der Bounty
Die Route der Bounty
Die Route nach Pitcairn
Die Route der Barkasse

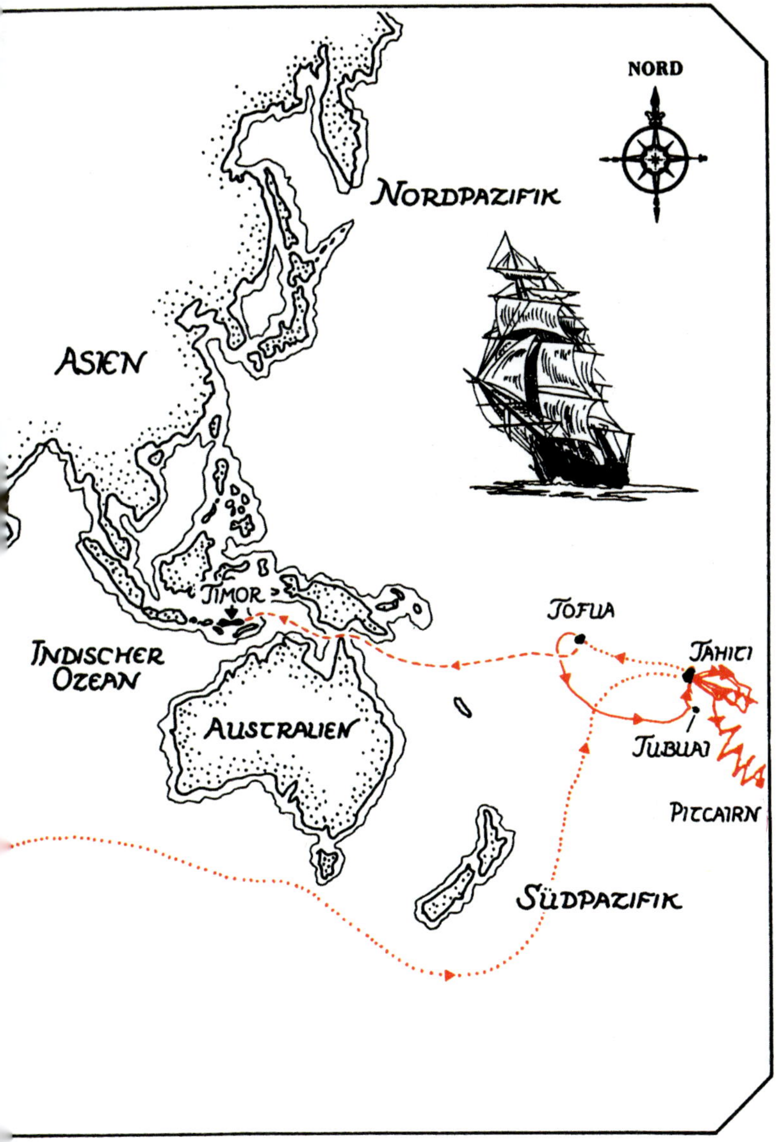
NORD
NORDPAZIFIK
ASIEN
TIMOR
TOFUA
TAHITI
INDISCHER OZEAN
AUSTRALIEN
TUBUAI
PITCAIRN
SÜDPAZIFIK

Das winzige Boot ist genau sieben Meter lang, zwei Meter breit und hat normalerweise einen Tiefgang von achtzig Zentimetern. Der Rand des Bootes liegt nur eine Handfläche über dem Wasserspiegel. Daß die Männer auf diese Weise von den Meuterern der See überlassen werden, kommt einem Todesurteil gleich.

Irrfahrten

Eine furchtbare Bootsfahrt beginnt. Da kein Wind bläst, muß die Mannschaft wohl oder übel rudern. In den folgenden Tagen und Nächten erleben die Ausgesetzten Stürme, Regengüsse, Flauten, Tage mit glühender Hitze. Morgens, mittags und abends gibt es – streng rationiert – einen Bissen Brot und einen Schluck Wasser. Gelegentlich gelingt es ihnen, einen Fisch oder einen Vogel zu fangen, den sie roh verzehren.

Eine einmalige Quelle, die über den Zustand, die Gefühle der Besatzung und den Routenverlauf informiert, ist ein kleines, dicht bekritzeltes Tagebuch, in das Bligh während der Irrfahrt seine Notizen einträgt. Dieses kaum bekannte Büchlein liegt heute in der *National Library of Australia* in Canberra.

Dieses Notizbuch berichtet minutiös über das Befinden der Mannschaft, die Wetterbedingungen: »Sintflutartiger Regen. Um 6 Uhr abends für jeden 19 Gramm Brot zum Abendessen serviert. Wasser brauchen wir nicht – unser Durst wird durch die Haut gelöscht.« (20. Mai). Pflichtbewußt notiert Bligh Inseln, die er während der grausamen Fahrt entdeckt. Etwa 40 Eilande werden so beschrieben, kategorisiert, aufgezeichnet.

Auf den Inseln Polynesiens, versprenkelt in einem Ozean, größer als alle Kontinente zusammen, herrscht fast überall Kannibalismus. Diese Inseln zu betreten, scheuen sich die Männer. Blighs Ziel ist es, die niederländische Besitzung Kupang auf Timor, der östlichsten der Großen Sundainseln, zu erreichen; den nächsten Ort, wo Hilfe zu erwarten ist.

Am 29. Mai wagen sie es doch, an einer der gefürchteten Inseln zu landen. Bligh nennt das Eiland »Restaurationsinsel«, zu Ehren des Jahrestages der Restauration Karls II. (Nach Cromwells Tod war das Königtum der Stuarts wiederhergestellt, also restauriert worden. Am 29. Mai 1660 zog Karl II., der Sohn des abgesetzten und hingerichteten Karl I., in London als König ein.) Die Männer haben Glück, können Trinkwasser aufnehmen und einige Stücke Wild erlegen.

Tage später, als sie Landung und Jagd bei Ovalau (Fidschi-Inseln) wiederholen wollen, werden sie von Eingeborenen gehetzt. Der Quartiermeister George Simpson kommt um, er wird von den »Wilden« erschlagen.

Auch die Ausläufer Neu-Hollands (Australiens) werden nicht betreten. Es gibt dort keinen einzigen Europäer, mahnt Bligh. Er konnte nicht wissen, daß kurz zuvor, am 20. Januar 1788, Port Jackson gegründet worden war, eine britische Strafkolonie, aus der sich später Sydney entwickelte.

In 41 Tagen werden 3600 Meilen zurückgelegt, eine einmalige seemännische Tat. Sie wird noch heute von Fachkreisen als eine der größten navigatorischen Leistungen aller Zeiten gewürdigt. Denn das Unglaubliche geschieht: Bligh gelingt es, das offene Boot ohne Kartenwerk sicher bis zur niederländischen Besitzung Kupang zu steuern. Zerlumpt und halb verhungert erreichen die Männer den Hafen.

Sobald Bligh wieder bei Kräften ist, versucht er, auf einem Schiff mit nach England genommen zu werden. Er hat Glück. Nicht einmal elf Monate nach der Meuterei betritt er, am 14. März 1790, in Portsmouth wieder heimischen Bo-

Sonnenuntergang in der Südsee

den – zwei Jahre, zwei Monate und drei Wochen nach seiner Abreise.

Nicht alle hatten auf dem Schiff nach England Platz gefunden und die Heimat wiedergesehen: Nelson und Hall waren an den Folgen der Strapazen in Kupang gestorben, zwei Wochen nach Blighs Abreise erlagen Elphinstone und Linkletter dem Fieber. Der Matrose Lamb verstarb auf einem anderen Schiff während der Überfahrt. Der Wundarzt Thomas Ledward, der auf einer holländischen Fregatte untergekommen war, starb, als das Schiff während eines Sturmes auf hoher See leckschlug und unterging.

Und die Meuterer?

Die »Bounty« ist unter der Führung von Fletcher Christian zu einem Geisterschiff geworden, das monatelang auf der Suche nach einer dauerhaften Bleibe durch die Südsee irrt.

Zweimal legen sie wieder in Tahiti an, nehmen Proviant, Wasser und die zurückgelassenen Freundinnen auf. Auf Tubuai in der Austral-Inselgruppe kommt es zu Kämpfen mit den Eingeborenen, und sie müssen ihre Suche nach einer Bleibe fortsetzen.

Am 22. September 1789 – Bligh war zu dieser Zeit längst schon auf dem Heimweg nach England – ankert die »Bounty« wieder in der Matavai-Bucht vor der Küste Tahitis. Sechzehn Meuterer geben entnervt die Suche auf und sind nun entschlossen, sich auf Tahiti niederzulassen.

Der Rest will den Traum vom Paradies in der Südsee, von der unbewohnten Insel, wo sie unentdeckt bleiben können, nicht aufgeben. Es sind nun neun Briten und neunzehn Polynesier (zwölf Frauen, sechs Männer und ein Kind) die sich auf die Suche begeben. Sie segeln durch das Cook-, das Tonga-, und das Lau-Archipel, bis sie schließlich, alten, sehr undeutlich festgelegten Koordinaten des englischen Seefahrers Certeret folgend, ihre schützende Insel finden: Pitcairn.

Oben: Bei Sonnenuntergang in Afareaitu auf Moorea. Die Idylle ist perfekt.

Unten: Traditionelle Bauweise von Hütten aus natürlichen Materialien wie den Blättern der Kokospalme hat sich nur noch vereinzelt auf Tahiti und seinen Nachbarinseln erhalten. Heute herrschen Wellblech und Holzfertigteile als Bauelemente vor.

Bei Pari, am Ostufer von Klein-Tahiti, liegt dieser bemooste Felsblock, der schon vor Jahrhunderten mit rätselhaften Ritzzeichnungen markiert wurde. An dieser Stelle wurden einst die toten Stammesführer bestattet.

Es ist keine paradiesische Insel, die sie jetzt in Besitz nehmen, aber sie haben dort Wasser und vor allem: sie ist unbewohnt. Ein Zufluchtsort, nicht mehr. Jetzt sind sie allein auf diesem 3200 Meter langen und 1600 Meter breiten Auswurf eines erloschenen Vulkans. Unglaublich allein – 1350 Meilen von Tahiti entfernt, 2100 Meilen von Neuseeland, 3100 Meilen von der Küste Südamerikas.

Am 23. Januar 1790 brechen die Meuterer die letzte Brücke zur Außenwelt ab, sie verbrennen und versenken die »Bounty«, damit sie vorbeifahrenden Schiffen nicht die Anwesenheit von Menschen auf Pitcairn anzeige.

Anfänglich gibt es keine Probleme, man ist mit der Kultivierung der Insel beschäftigt, mit dem Bau von Hütten, die man aus Planken der »Bounty« zusammenzimmert, mit den ersten landwirtschaftlichen Versuchen: Yamswurzeln und Süßkartoffeln sind auf der »Bounty« mitgeführt worden, jetzt werden sie angepflanzt.

Doch dann, ganz allmählich, verschlechtert sich die Atmosphäre unter den Inselbewohnern – es geht um die Verteilung der Frauen. Die Streitigkeiten beginnen mit dem Tod der Frau von John Williams, der nun eine neue Gefährtin für sich verlangt. Die Polynesier, ohnehin wie Sklaven behandelt, sollen eine ihrer Frauen abgeben. Es kommt zum Kampf der Eingeborenen gegen die Engländer. Zwei Polynesier sterben, aber auch Williams, Mills, Martin, Brown und Fletcher Christian.

Kurze Zeit später verringert ein blutiger Streit unter den Polynesiern die Zahl der Bewohner weiter. Die Frauen der beiden umgekommenen Tahiter wollen Rache und enthaupten mit Äxten die zwei letzten Polynesier, die sie für den Tod ihrer Ehemänner verantwortlich machen.

Doch damit nicht genug.

Die Neuverteilung der Frauen löst neuen Streit aus. Zwei Frauen stürzen sich von den Klippen, auch McCoy übermannt die Schwermut, und er verübt an den Klippen Selbstmord. Die drei restlichen Männer fallen nach kurzer Zeit des Friedens wieder übereinander her, wobei Quintal erschlagen wird. Nun leben nur noch zwei Männer.

Bald darauf stirbt Young an Asthma. Jetzt war John Adams, im Jahr 1800, der letzte und einzige Mann auf Pitcairn. Mit ihm leben zehn Frauen und 23 auf der Insel geborene Kinder zusammen...

Aus dem Mörder Adams wird ein Moralapo-

Die Züge vieler Nationalitäten mischen sich in Tahitis Gesichtern. Dieser Junge ist mit seinem Kampfhahn unterwegs zum samstäglichen Wettbewerb.

Eine Opferstätte bei Papara auf Tahiti. Steinerne Plattformbauten, Marae *genannt, waren Schauplatz kultischer Handlungen – den Göttern wurden auch Menschenopfer gebracht. Marae hatten aber nicht nur die Funktion von Opferstätten, sie manifestierten auch Landrechte und den Rang der Herrscherfamilien. Noch heute werden hier bei Papara während des Heiva-Festivals polynesische Riten zelebriert.*

stel. Bald von Höllen- und Teufelsvisionen heimgesucht, von Schuldgefühlen geplagt, ist er nun das Oberhaupt des kleinen Eilandes. Niemand darf auf der Insel fortan rauchen, fluchen, Alkohol genießen. Die Lektüre der alten Schiffsbibel und das *Book of Common Prayer*, vor dem Versenken von der »Bounty« gerettet, ist tägliches Gebot.

Der Traum vom freien Leben, von der freien Liebe – ein Alptraum, ein Fiasko. John Adams stirbt, eines natürlichen Todes, am 5. März 1829.

Die Jagd auf die Meuterer

Im Oktober 1790 findet die Verhandlung gegen Bligh und die übrigen Geretteten statt. Bligh wird ehrenvoll freigesprochen, Purcell erhält einen Verweis wegen Unbotmäßigkeit, alle anderen werden ebenfalls auf freien Fuß gesetzt. William Bligh, nun in aller Munde und hoch geehrt, wird vom König empfangen, der ihn zum Commander befördert. Bligh veröffentlicht eine ausführliche Darstellung der Ereignisse – das Buch wird zum Bestseller.

Von den übrigen Mannschaftsmitgliedern, die Bligh loyal gefolgt sind, verliert sich bei der Lektüre der verfügbaren Quellen langsam die Spur: Samuel bleibt im Flottendienst und steigt zum Zahlmeister auf. Ebenso Fryer, der aber nicht mehr befördert wird.

Purcell stirbt mit Wahn- und Angsthysterie in dem Irrenhaus eines Vororts von London, Morrison findet 1807 bei einem Sturm auf dem Schiff »Blenheim« den Tod, Hayward als Kommandant der Schaluppe »Swift« in einem Taifun in der Chinasee, Hallet als Erster Offizier auf dem Schiff »Penelope«.

Der Rest der Meuterer, der auf Tahiti geblieben war, hat das Glück nicht auf seiner Seite. Zwei von ihnen werden nach Streitereien mit Eingeborenen ermordet, die restlichen vierzehn können das Inselleben genau achtzehn Monate genießen – am 23. März 1791 trifft

Blüte der Hibiskuspflanze, der am meisten verbreiteten Pflanze auf Französisch-Polynesien.

die von der englischen Admiralität zur Suche nach den Meuterern ausgesandte Fregatte »Pandora« vor Tahiti ein. Das Schiff, mit 160 Mann Besatzung und 24 Kanonen an Bord, unter der Führung des Kapitäns Edward Edwards, nimmt sofort wieder Kurs in Richtung England, nachdem schon in wenigen Tagen die Meuterer festgesetzt sind.

Bei einer Havarie der »Pandora« an der Küste Neu-Hollands ertrinken vier der Gefangenen, in einem Käfig eingesperrt, in Ketten gebunden. Zu diesen Elenden gehört auch der Deutsche Heinrich Hillbrant aus Hannover. Der Rest ist nun in Rettungsbooten unterwegs. 1100 Meilen legen sie rudernd zurück, bevor sie Hilfe bekommen.

Zurück in der Heimat, wird ihnen im September 1792 der Prozeß gemacht: vier Meuterer werden freigesprochen, sechs zu Haftstrafen verurteilt, drei begnadigt, drei am 29. Oktober 1792 an einer Rahe des Kriegsschiffes »Brunswick« im Hafen von Portsmouth gehängt.

William Bligh ist weder während des Prozesses, noch während der Exekution zugegen: *Breadfruit-Bligh*, wie jetzt sein Spitzname lautet, ist unterwegs nach Tahiti, um endlich zu des Königs Zufriedenheit den Brotfrucht-Auftrag zu erfüllen. Am 23. Januar 1793 liefert er die Pflanzen auf der Antilleninsel Saint-Vincent, am 5. Februar auf Jamaica ab.

Hier endet die Geschichte des William Bligh und seiner bewegenden Reise um die Welt.

Leiden, so heißt es, ist der Rohstoff der Kunst; gepaart mit dem exotischen Stoff, aus dem die bürgerlichen Träume sind – ferne Länder, schöne Frauen, unendliche Freiheiten –, ergibt es das Material, aus dem Bestseller und Hollywood-Schinken gebastelt werden.

Daß die Geschichte der »Bounty« und ihrer Männer von jeher die Phantasie der Menschen beflügelt hat, beweisen die Kinofilme und zahllose Romane zum Thema. William Bligh wird darin meist die Rolle des diabolischen Bösen zugewiesen. Auch dafür gibt es einen Ursprung: ein Buch, das 1795 auf den Markt kam. Es heißt *A Short Reply to Captain Bligh* und zeichnet zum ersten Mal das Profil des altgedienten Kapitäns als teuflische Fratze. Autor ist Edward Christian, der Bruder des Meuterers.

Doch Bligh ficht das alles nicht mehr an – er hat bald andere Probleme: er erlebt noch zwei weitere Meutereien, 1797 auf dem Schiff »Director« in der Themsemündung, 1808 in Neu-Südwales in Australien als Gouverneur der dortigen Strafkolonie.

Bei allen Nachforschungen zu den Meutereien wird immer wieder einerseits Blighs Gutherzigkeit, andererseits aber auch seine aufbrausende Natur und seine Leidenschaftlichkeit registriert.

1810 wird er zum Konteradmiral befördert, 1813 zum Vizeadmiral. In Anbetracht seines Alters zieht er sich aus dem aktiven Dienst zurück. Er stirbt eines natürlichen Todes als hochgeachtete Persönlichkeit. Auf seinem Grabstein in London steht: »Zum Gedenken an William Bligh, Hochwohlgeboren, Mitglied der *Royal Society*, Vizeadmiral, den berühmten Seefahrer, der als erster die Brotfrucht von Tahiti nach Westindien verpflanzte, tapfer kämpfte in den Schlachten seines Vaterlandes und starb, geliebt, geachtet und betrauert, am 7. Dezember 1817, 64 Jahre alt.«

Das verlorene Paradies – ein Nachtrag

Noch immer ist die Südsee idealer Gegenstand europäischer Sehnsüchte.

In der Tradition von Bougainville, Cook, über Voltaire, Gauguin und die Vorstellungen deutscher Schwarmgeister wie Klopstock, Matthias Claudius, ja sogar Goethe, hat sich bis heute die Vision vom besseren Leben, vom Paradies erhalten können. Die Südsee – das überdimensionale Kitschposter mit Hula-Hula-Mädchen, grünen Palmen und glutrot untergehender Sonne.

Aber schon damals, zu Blighs Zeiten, hatte das Ideal seine Schattenseiten, die freilich von den Fremden nur selten gesehen werden wollten: ein starres System gesellschaftlicher Klassen, das Ausgrenzen der Frau aus der Gemeinschaft, Menschenopfer, Kindestötungen, Kannibalismus, die eingeschleppte Syphilis.

Heute, in unseren Zeiten, stimmt das Bild vom heilen Paradies noch viel weniger: der Zerfall der Großfamilie, ausufernde Arbeitslosigkeit, gepaart mit neuen Konsumidealen, hat zum Beispiel auf West-Samoa die höchste Selbstmordrate der Welt unter jungen Leuten im Alter zwischen 15 und 35 Jahren erbracht.

Der Traum von der eigenen kleinen Insel. In der Südsee läßt er sich leicht verwirklichen; mehr als zweitausend kleine und kleinste Eilande gibt es, und etliche sind unbewohnt.

Die polynesische Mythologie führt die Erschaffung der Welt und des Menschen auf mehrere Götter zurück. Sie fischten die Inseln aus dem Meer, brachten das Feuer, zeugten Halbgötter, die wiederum Menschen schufen. Jede Inselkultur hat ihre eigenen Legenden und Ahnenreihen, die immer auf die ursprünglichen Götter zurückführen. Tiki *auf dem Kultplatz bei Papara.*

Die in die Unabhängigkeit entlassenen ehemaligen Kolonialstaaten werden oftmals von autokratischen Staatsfürsten geführt, denen der Begriff Demokratie ein Fremdwort ist. Zwar gibt es noch erheiternde Relikte, zum Beispiel auf Tanna, der südlichsten Insel der Neuen Hebriden, wo es noch immer Tradition ist, Prinz Philip, den Mann von Königin Elisabeth II. von England zum Oberhaupt des winzigen Südsee-Fleckens zu machen und ihm eine Frau zu vermählen (die bis heute auf ihren Gemahl wartet), aber die Abhängigkeit von den alten Mutterländern haben in der Regel viel weniger amüsante Folgen.

Amerikanische Militärbasen erstrecken sich von den Aleuten im Norden über Japan, Südkorea, die Philippinen bis nach Australien, vom amerikanischen Festland über Hawaii, wo das Hauptquartier der pazifischen Streitkräfte seinen Sitz hat, über Kwajalein, Tinian und Guam bis in den Indischen Ozean. Ab 1946 führten die Amerikaner auf dem Enewetak-Atoll und im Bereich der Marshallinseln dreiundzwanzig Atom- und Wasserstoffbombenversuche durch, die aber in den frühen 60er Jahren eingestellt wurden.

1969 lief auf Eneu, der zweitgrößten Insel des Bikini-Atolls, eine begrenzte Reinigungsaktion an. Radioaktives Material, Schutt und Müll wurden eingesammelt und im Boden versenkt. 1974, achtundzwanzig Jahre nachdem Bikini evakuiert worden war, kehrten die ersten drei heimwehkranken Familien dorthin zurück. Man hatte ihnen versichert, nach dem Aufräumprogramm könnten sie risikolos auf ihren angestammten Inseln leben. 1978 mußten alle Bewohner – in der Zwischenzeit war ihre Zahl auf 139 angestiegen – wieder evakuiert werden: in ihrem Blut waren Spuren radioaktiven Materials entdeckt worden.

Auf dem kleinen Johnston-Atoll, das ebenfalls unter US-Hoheit steht, werden noch heute chemische Kampfstoffe, wie zum Beispiel die Kampfgase VX oder Sarin, aber auch das dioxinhaltige Entlaubungsmittel *Agent Orange* sowie Abfälle aus der chemischen Industrie der Vereinigten Staaten verbrannt.

Oder die Franzosen: trotz der Proteste aus aller Welt halten sie in beispielloser Unnachgiebigkeit ihre Nukleartests auf Fangataufa und Mururoa ab, nur 1300 Kilometer von Tahiti entfernt. Selbst die Klage von Australien und Neuseeland im Jahre 1973 vor dem Internationalen Gerichtshof in Den Haag zeigte keine Wirkung: Frankreich bestritt die Zuständigkeit des Gerichts und ließ weiterbomben.

Im Juli 1985 versenkt der französische Geheimdienst ein Schiff der Umweltorganisation *Greenpeace*, das vor einer geplanten Protestfahrt ins Bombenversuchsgelände im Hafen von Auckland lag. Eine Fotograf wird getötet. Verteidigungsminister Hernu und Geheimdienstchef Lacoste verlieren ihre Ämter. Hernu erhält ein Jahr darauf den Orden der

Kirche bei Haapiti auf Moorea. Den größten Einfluß auf Bewohner und Kultur der Südseeinseln übten die Missionare aus. Negativ zu Buche schlägt vor allem die Intoleranz, mit der Missionare alle Erscheinungen der Südseekultur auszurotten versuchten, die dem puritanischen Weltbild ihrer Zeit zuwiderliefen. Sie zwangen den Eingeborenen ebenso züchtige wie unpraktische, ja unhygienische Kleidung auf, zerstörten Tempel und Kultstätten, brandmarkten Gesänge und Tänze als unsittlich, verbannten Musikinstrumente.

Ehrenlegion. Oder Papeete, die Hauptstadt von Tahiti: vorbei der romantische Glanz längst vergangener Zeiten. Es ist heute eine stinkende Stadt mit Bauten aus Glas und Beton, Vekehrsstaus und dem strikten Verbot, im Meer zu baden – der Hafen und ungeklärte Abwässer verderben den Freizeitspaß.

Der Sinnlichkeit und erotischen Offenherzigkeit haben Missionare den Garaus bereitet. Die frommen Männer brachten schon 1797 eine Religion, die den Insulanern völlig unverständlich war. Zum Beispiel gab es in ihrem Sprachschatz kein Wort, das »Sünde« bedeutete – heute kennen sie es.

Was ist geblieben? Zumeist eine bezaubernde Landschaft, wunderbare Naturstimmungen, freundliche Menschen, üppige Vegetation von exotischer Pracht.

Pitcairn ist noch immer von den Nachfahren der Meuterer bewohnt. Sie leben auch heute isoliert – die Post kommt alle paar Monate und wird von einem Flugzeug abgeworfen. Den nächsten Arzt gibts auf der Insel Rarotonga, 3000 Kilometer entfernt, die Verwaltung der Insel sitzt in Wellington auf Neuseeland, 6500 Kilometer weit weg. Die wenigen Schiffe, die alle acht bis neun Monate einmal vorbeischauen, versorgen die Insulaner mit Gütern, die sie auf ihrer Insel nicht anpflanzen oder herstellen können. Im Gegenzug werden Hummer und Krabben geladen, auf deren Fang sich die Eingeborenen spezialisiert haben. Und mit beinahe jedem Schiff wird das Leben auf Pitcairn ärmer: immer

Sonntagsplausch neben der evangelischen Kirche am Hafen von Papeete. Auf Französisch-Polynesien ist heute die Hälfte der Bevölkerung protestantisch, 33% katholisch, der Rest sind Mormonen, Adventisten etc.

wieder fahren ein paar von der Insel mit in die weite Welt – sehnsüchtig, in dem Wunsch, endlich Urlaub von der Insel zu haben...

Die Ableger der Brotfrucht-Bäume, die William Bligh in die Karibik gebracht hatte, sind noch heute zu besichtigen. In Kingstown, auf der Antillen-Insel Saint Vincent, im ältesten botanischen Garten Westindiens, stehen die Bäume noch.

Auch dazu noch eine Anmerkung: Als Bligh endlich seinen Auftrag erfüllt hatte und die Schößlinge des Brotfruchtbaumes in die karibische Erde eingepflanzt worden waren, die Schößlinge sich zu Bäumen gemausert und die Bäume erste Früchte abgeworfen hatten, merkten die Kolonialherren und Sklavenbesitzer, daß alle Mühe umsonst gewesen war – die schwarzen Sklaven verschmähten die Brotfrucht, sie hielten sie schlicht für ungenießbar.

Heute findet man die Überreste der Tikis und der Marae hauptsächlich in Ostpolynesien, sie sind jedoch meist nicht älter als wenige hundert Jahre. Dieses Götzenbild ist nur ein paar Monate alt – aufgestellt für die Kameras der Touristen.

Ein Geheimnis umgibt das idyllische Schloß Sommersdorf in Franken: In seiner Gruft liegen fünf Tote, die aus unerklärlichen Gründen nicht verwest sind.

Jens-Peter Behrend / Eike Schmitz

Mumien – Botschafter fürs Jenseits

5000 Jahre Totenkult

Das Schloß der vergessenen Mumien

Sommersdorf in Mittelfranken. Eine Ritterburg aus dem Bilderbuch, pures Mittelalter, ohne moderne Anbauten, Antennen und Kabel. Romantik zum Anfassen, wäre da nicht der breite Wassergraben, dessen dichter Teppich aus grüner Entengrütze kaum schätzen läßt, wie tief das Hindernis ist.

Dieses fränkische Idyll birgt ein gruseliges Geheimnis. An einem stürmischen Oktoberabend des Jahres 1806, beim Vorstoß der französischen Armee gegen Preußen und Rußland, wird es entdeckt:

Ein Reiter prescht über das Feld. Hinter ihm zwei Verfolger, in der Ferne die Silhouette der rettenden Burg. Der Reiter trägt das Blau der Offiziere des Königs von Preußen, die Verfolger die Dreispitze mit den Kokarden der Trikolo-

Ansicht von Schloß Sommersdorf aus dem Jahr 1844. Die Anlage geht auf eine Burg aus dem frühen 13. Jahrhundert zurück und ist seit 1550 im Besitz der Familie der Freiherren von Crailsheim. Der mittelalterliche Charakter der Burg hat sich bis heute erhalten.

re. Es sind Soldaten Napoleons. Der preußische Offizier gibt seinem Pferd die Sporen, am Graben vor dem Schloß reißt er die Zügel herum, dann springt er ab und verschwindet im Gebüsch unterhalb der Mauer. Die Soldaten sehen nur noch das schweißnasse Pferd. Sie suchen den Offizier. Als einer ein Schlupfloch in der Mauer entdeckt, springen sie ab. Sie stürzen hinein, halb rutschen sie ein paar Stufen ins Burginnere hinab. Ihre Augen müssen sich erst an die Dunkelheit gewöhnen. Sie entzünden einen Span. Das Licht flackert, sie gehen tiefer ins Gewölbe. Schritte sind zu hören. Dann ein Knarren, wie wenn Deckel von Kisten geöffnet werden. Sie suchen die Geräusche zu orten, gelangen nun über Gerümpel, Fässer und Wagenteile tiefer in den Keller. Das Licht blakt. Obwohl sie abgehetzt sind, wird ihnen in der Zugluft kalt. An der nächsten Biegung des Gangs verlöscht ihr Licht. Der eine ist ein paar Schritte rückwärts gegangen und gegen eine Kiste gestoßen. Dann ein Geräusch, als ob ein Deckel herunterfällt. Der Soldat steckt mühsam seine Fackel an. Plötzlich versteinern die beiden vor Schrecken. Vor ihnen liegt, im offenen Sarg, ein baumlanger Kerl aus einem anderen Krieg. Sein Schädel grinst ihnen grimmig entgegen. Es ist kein Skelett, sondern eine Leiche mit dunkler verknitterter Haut. Die verdörrten Beine stecken noch in den riesigen Schaftstiefeln, in denen man den Toten zu Grabe getragen hatte. An seiner Seite liegt ein Degen. Die knochigen Hände hält er über der eingefallenen Brust gefaltet. Die Soldaten ahnen, was sie da vor sich haben, hatten sie doch Napoleons Ägypten-Feldzug von 1798 mitgemacht und dort zum ersten Mal uralte Mumien gesehen.

So beginnt die Geschichte der Entdeckung der Mumien von Schloß Sommersdorf, jener gut erhaltenen Burg im Altmühltal. Ein paar Tage später kehren die Franzosen mit Verstärkung zurück. Sie sind auf der Suche nach Gold und

Schmuck und räumen einen großen Teil der unterirdischen Gewölbe leer. Hier, in einem ehemaligen Teil der Kasematten, befand sich die Gruft der Freiherren von Crailsheim, in der sie zweihundert Jahre lang die Toten bestatteten. Noch heute sieht man die schmalen Schießscharten, die sich an den Außenmauern entlangziehen. Neun Särge ließen Napoleons Soldaten zurück. Sie stehen noch immer in einem Seitengang des Gewölbes, der Öffentlichkeit nicht zugänglich.

Seit ihrer Entdeckung zu Anfang des vorigen Jahrhunderts ist bekannt, daß die Toten in der Gruft von Schloß Sommersdorf nicht verwesten, sondern mumifizierten. »Die Leichen sind sehr leicht, haben eine düstere, bräunliche Färbung und sind teils durch den Vandalismus der Franzosen 1806, teils später aller Gewandstücke entkleidet worden«, schreibt der Verfasser einer Chronik über Schloß Sommersdorf zu Anfang unseres Jahrhunderts.

Man stellte zahlreiche Vermutungen über die Ursachen der Mumifizierung in den Gewölben der Gruft von Schloß Sommersdorf an, und es hat auch Spekulationen darüber gegeben, ob die Lebens- und Sterbeumstände der Toten etwas mit ihrer Mumifizierung zu tun haben; wissenschaftliche Untersuchungen aber wurden bisher noch nicht vorgenommen. Von fünf der Mumien wissen wir mehr als nur Alter und Sterbedatum.

In einem mit inzwischen vergilbtem löchrigen Leinen ausgeschlagenen Sarg liegt lang ausgestreckt, wie in militärischer Haltung, der schwedische Leutnant von Holtz. Von ihm heißt es, er sei mit Leib und Seele ein Haudegen gewesen. Gegen Ende des Dreißigjährigen Krieges wurde er in einem Scharmützel in der Nähe von Sommersdorf so schwer verwundet, daß er bald darauf starb. Er war es, der noch fast 160 Jahre nach seinem Tod mit seinem furchterregenden Aussehen die napoleonischen Soldaten in die

Flucht schlug und einem preußischen Offizier das Leben rettete.

Daneben liegt Baronin Schenk von Geyern, eine geborene von Crailsheim. Sie stand im Ruf, eine große Wohltäterin zu sein. Als eines Tages ein kranker Bettler an ihre Tür klopfte, nahm sie ihn auf und pflegte ihn, bis er starb. Kurz darauf starb auch sie. Der Mann hatte die Pest gehabt, und es ist zu vermuten, daß sie sich bei ihm angesteckt hatte. Obwohl er nicht zur Familie gehörte und nur ein einfacher Mann war, fand er erstaunlicherweise seine letzte Ruhe ne-

Ein Kupferstich aus dem 19. Jahrhundert. Napoleonische Soldaten entdeckten 1806 bei der Besetzung von Sommersdorf die mumifizierten Leichname in einer Gruft.

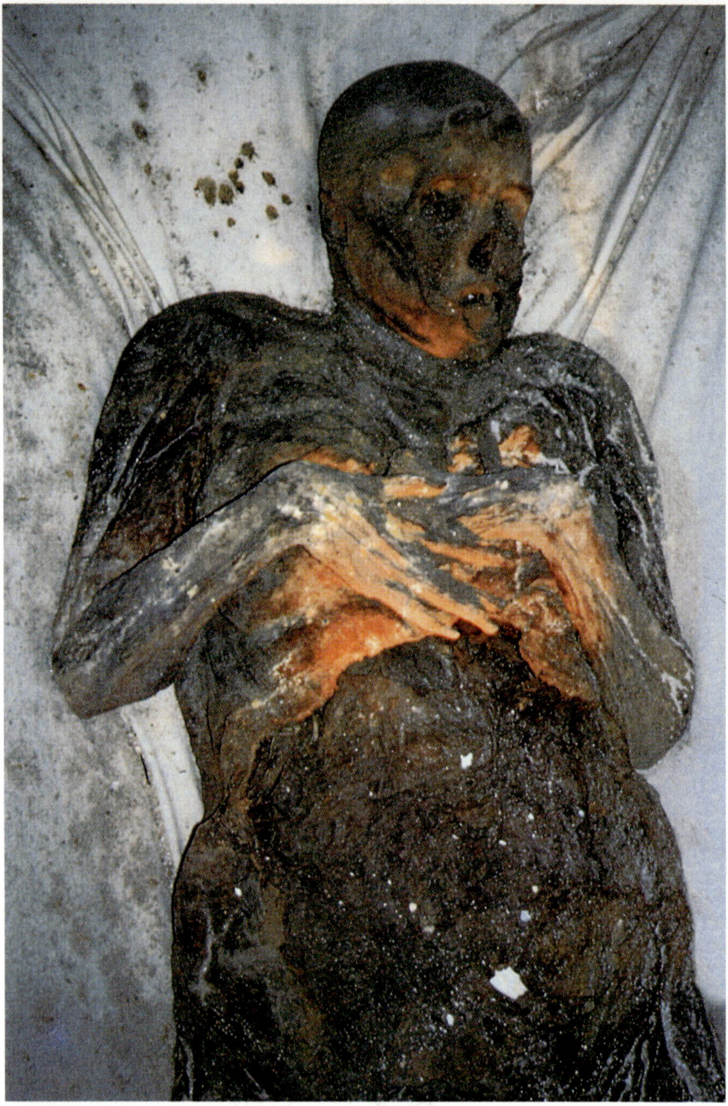

Zweifel bestehen an der Todesursache der Baronin von Kniestett. Nachfahren behaupten, sie sei scheintot begraben worden.

ben seiner Wohltäterin. Im Volksmund heißt es, die Baronin habe in ihrer Barmherzigkeit gegenüber dem Bettler keine Grenzen gekannt.

Auch Baron Julius Wilhelm von Crailsheim, der Großvater des späteren Ministerpräsidenten von Bayern, der König Ludwig II. die Nachricht von dessen Absetzung überbrachte, gibt noch lange nach seinem Tod Rätsel auf. Die Chronik sagt, der Baron sei an den Folgen eines Jagdunfalls gestorben. Sein wirrer Blick, sein zerzaustes Haar, die Reste seines weißen Bartes und seine entschlossene Haltung vermitteln den Eindruck, als wolle er die Chronik Lügen strafen. Denn man weiß, den Baron zog es nie zur Jagd, und es bleibt fraglich, ob die Todesursache wirklich ein Jagdunfall gewesen ist.

Die scheintote Baronin

Wie die Gestalt aus einem Alptraum liegt neben dem langen Schweden, in einem kleineren Sarg, die Baronin Sophie Luise von Kniestett, eine geborene von Crailsheim. Sie soll im Jahr 1690, nach der Geburt ihres achten Sohnes, am Kindbettfieber erkrankt sein. Die Nägel ihrer knöchernen Hände sind in den Brustkorb gekrallt, ihr Gesicht ist verzerrt, als schreie sie vor Schmerz. In der Familie wird gesagt, daß sie nur scheintot war, als man ihren Sarg zunagelte. Droben im Schloß, weit entfernt von der Gruft, habe man ihre Rufe nicht gehört. »Die Hände der Leiche bedecken die heute noch hoch erhobenen starken Brüste der Sechswöchnerin, die Finger sind krampfhaft in den beiden letzten Gliedern in rechtem Winkel nach innen gekrallt, unzweideutige Beweise eines wirklich erfolgten Erwachens aus dem Scheintode und eines qualvollen Sterbens im Sarge. Durch Leichengase hätten die Arme und Hände allenfalls bis in die Hüftgegend heraufgeschoben

Als 1945 amerikanische Soldaten Schloß Sommersdorf besetzten, stießen sie auf diesen Gewölbegang. Sie vermuteten, daß radioaktive Strahlung die Toten konserviert hatte.

werden können und mit eingekrallten Fingern hat man die Tote gewiß nicht in den Sarg gelegt,« heißt es in der Chronik.

Zu der Zeit, als die Baronin von Kniestett ihren schrecklichen Tod fand, grassierte in Europa eine hysterische Angst vor dem Begrabenwerden in scheintotem Zustand. Es gab zum Beispiel die Geschichte von einem jung verstorbenen Studenten aus Friesland, der in Frankreich scheintot bestattet worden war. Als sein Lehrer aus Friesland angereist kam und ihn exhuminieren ließ, soll sich ihm ein Bild des Grauens geboten haben: der Student, so wird berichtet, hatte sich im Sarg einen Unterarm völlig zerfleischt.

Eine Vielzahl von Bestattungsbräuchen wurde nur deshalb praktiziert, um sicher zu sein, daß der Mensch im Sarg auch wirklich tot war. Der zeitliche Abstand zwischen Tod und Grablegung diente dieser Überprüfung ebenso wie der weitverbreitete Brauch, Klageweiber ihren Dienst versehen zu lassen. Sie sollten den vielleicht doch nicht Gestorbenen lautstark ins Leben zurückrufen. Die *conclamatio* ist ein noch heute im Protokoll des Vatikans beim Tod eines Papstes üblicher Brauch: dreimal wird der Verstorbene laut bei seinem Taufnamen gerufen. Ihm wird damit die Möglichkeit des Einspruchs gegen seinen Tod gegeben. Erst wenn er nicht reagiert, wird er als tot erachtet, gleichsam, als habe er von diesem Recht keinen Gebrauch gemacht.

In Testamenten des 17. und 18. Jahrhunderts findet man häufig Verfügungen, die einer Bestattung bei Scheintod vorbeugen sollen: Lagerfristen im Totenbett, aber auch Proben mit glühendem Eisen oder mit Rasiermessern am Körper des Toten galten als sichere Methoden. Die Einrichtung öffentlicher Leichenhäuser am Ende des 18. Jahrhunderts diente ebenfalls dem Zweck, sich des eingetretenen Todeszustandes zu vergewissern. Es gab sogar den Vorschlag, Glöckchen an die Gliedmaßen von Verstorbenen zu binden, um etwaige Bewegungen zu registrieren.

Die Leiche der womöglich scheintot begrabenen Baronin von Kniestett wird nach Berlin überführt und an einem röntgendiagnostischen Institut untersucht werden. Eine computertomographische Analyse soll Auskunft über die wirkliche Todesursache der Leiche geben, vorausgesetzt, ihr Erhaltungszustand ist so gut, wie er nach heutigem Eindruck zu sein scheint. Ein Gerichtsmediziner wird die Frage, ob die Baronin von Kniestett lebendig begraben worden ist, nach mehr als dreihundert Jahren beantworten.

Der Körper als Wohnung der Seele

Hört man von Mumien, so kommen einem zuerst die Gräber der ägyptischen Pharaonen in den Sinn und die in bisweilen kilometerlange Leinenbinden gewickelten Leichna-

Ein verdursteter Nomade in der Sahara. Sonne und Wüstensand sind ideale Voraussetzungen für natürliche Mumifizierung.

me, die in hölzernen, reich bemalten und mit Hieroglyphen beschrifteten Sarkophagen beigesetzt wurden: Mumien als Sinnbild für die Überwindung der Vergänglichkeit des menschlichen Körpers.

Dem Tod im wahrsten Sinne des Wortes »begegnen« hieß in vielen Kulturen, den menschlichen Körper vor dem natürlichen Zerfall zu bewahren. Innerhalb weniger Stunden nach dem Tod beginnt der menschliche Körper zu verwesen, und es ist nur eine Frage der äußeren Umstände wie Wärme und Luftfeuchtigkeit, wieviel Zeit vergeht, bis nur noch seine Knochen vorhanden sind. Auch diese lösen sich mit der Zeit auf, je nach Beschaffenheit der sie umgebenden Materie.

In der Hoffnung, daß der Tod nicht das Ende des Lebens bedeutet und daß er zu überwinden ist, haben die Menschen in vielen Kulturen gegen diesen Zerfallsprozeß rebelliert. Dahinter steht die Vorstellung, daß nur der Erhalt der körperlichen Hülle als Sitz der Seele ihr eine Rückkehr und damit ein Weiterleben nach dem Tode ermöglicht. Zwar wissen wir nicht, ob bereits der frühe *homo sapiens* seine

Toten bewußt so bestattete, daß sie dem natürlichen Zerfall weniger ausgesetzt waren. Aber rötliche Ockerfarbe, die Farbe des Lebens, auf frühzeitlichen Gebeinfunden sind ein Hinweis darauf, daß sich der Neandertaler nicht mit dem bloßen Verscharren seiner Toten begnügte. Mit der Menschwerdung setzte eine spirituelle Auseinandersetzung mit dem Phänomen Tod ein.

Zur Zeit der ältesten Stadtgründungen, um das Jahr 7000 v. Chr., noch lange bevor in Ägypten die Konservierung von Toten üblich wurde, bedeckten die Bewohner von Jericho die Schädel ihrer Toten mit einer eingefärbten Tonschicht. In die Augenhöhlen setzten sie schlitzförmige Muscheln ein. Hierin ist der Versuch zu erkennen, den menschlichen Körper über seinen Tod hinaus in einem dem Leben ähnlichen Zustand zu erhalten.

Wo die Konservierung der Toten bewußt betrieben wurde, ging es nicht nur darum, den Körper für das Leben nach dem Tod oder die Rückkehr ins Leben zu erhalten, sondern auch darum, die Individualität des Gestorbenen zu bewahren. Daher wurden in fast allen Kulturen, die ihre Toten konservierten, persönliche Beigaben wie Kleidung, Nahrung, Werkzeuge oder Waffen mit ins Grab gelegt. Mitunter mußten auch Sklaven, nahe Angehörige oder Haustiere ins Grab folgen, um dem Verstorbenen im Jenseits dienen zu können.

»Natürliche« und »künstliche« Mumien

Mumien finden sich an vielen Orten der Welt, vor allem dort, wo die Luft ein schnelles Austrocknen erlaubt, also in Wüsten und trockenen Höhlen. Der Grundvorgang ist bei »natürlich« entstandenen wie bei »künstlich« hergestellten Mumien der gleiche: dem Körper wird Wasser entzogen. Dadurch verlieren die Fäulnisbakterien ihre Lebensgrundlage

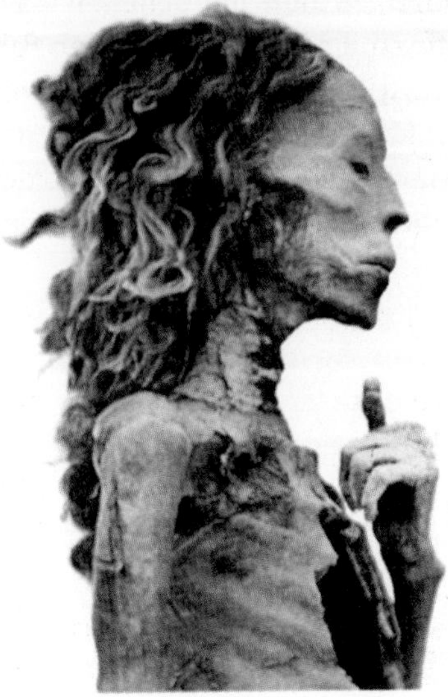

Die Mumie der Hatschepsut. Schon gleich nach Erfindung der Fotografie waren Mumien begehrte Bild-Motive. Die Bilder der einbalsamierten Pharaonen aus dem klassischen Mumienland Ägypten gingen um die ganze Welt.

und der Verwesungsprozeß kommt zum Stillstand. Hätte der Mensch diese Gesetzmäßigkeit nicht erkannt, wäre er nur schwer in der Lage gewesen, auf der nördlichen Halbkugel der Erde zu überleben. Er war auf Vorratshaltung für die Wintermonate angewiesen, und nur der Entzug von Wasser ermöglichte die Konservierung von Nahrungsmitteln wie Fleisch, Pilzen, Früchten oder Fisch. Sonne und Salz unterstützen diesen Vorgang.

Ebenfalls eine konservierende Wirkung hat Zucker. So soll die Leiche Alexanders des Großen nach seinem überraschenden Tod 323 v. Chr. in Honig gelegt worden sein. Sein Leib war noch Jahrhunderte später in gutem Zustand, wird von dem griechischen Historiker Strabo berichtet. Cäsar soll das Grab Alexanders des Großen geöffnet und ihn wohlerhalten gesehen haben. Auch Augustus hat ihm seine Reverenz erwiesen. Nach einem zeitgenössischen Bericht nahm er »... Sarg und Leiche Alexanders des Großen, die er aus ihrer Gruft hatte heben lassen, in Augenschein und bezeigte seine Verehrung durch Niederlegen einer goldenen Krone und durch Streuen von Blumen.« Auf die Frage, ob er vielleicht auch die Fürstengruft der Ptolemäer zu besichtigen wünschte, gab er zur Antwort: »Einen König, nicht Leichen, wollte ich sehen.« Caligula ließ das Grab ebenfalls öffnen. Er soll sich mit der Rüstung Alexanders des Großen kostümiert haben. Daß Honig Bakterien abtötet, muß den Babyloniern und Chaldäern, denen die Einbalsamierung des Welteroberers anvertraut wurde, also bekannt gewesen sein.

Nicht ein zweites Mal sterben

»Eine Staubwolke hüllte mich ein, so fein, daß sie mir Nasengänge und Kehle fast verschloß und meine Lungen nur mit äußerster Kraft dem Staub und den Ausdünstungen der Mumien widerstehen konnten. Was für ein Rastplatz: umgeben von Leichen, von Bergen von Mumien in allen Richtungen, die mich erschaudern ließen. Die Schwärze der Wände, das schwache Licht der Fackeln, die um Luft rangen, die Araber mit Kerzen in den Händen, nackt und vom Staub bedeckt, die selbst wie lebende Mumien aussahen, boten ein unbeschreibliches Bild. Ich suchte einen Platz zum Ausruhen und setzte mich. Aber als sich mein Gewicht auf einen Ägypter senkte, zerdrückte es den Körper wie eine Spanschachtel. Meine Hände suchten das Gewicht abzufangen, aber sie fanden keinen Halt, so daß ich in diesen ganzen Mumienberg einbrach, die Leinenbinden und Sargdeckel durcheinander gerieten und die Knochen zermalmt wurden. Ein solcher Staub wurde aufgewirbelt, daß es eine Viertelstunde brauchte, bis er sich gelegt hatte. Bei jeder Bewegung zerdrückte ich erneut diesen oder jenen Körperteil einer Mumie. Bei meinem Rückzug, der abschüssig war, konnte ich nicht vermeiden, von zerberstenden Knochen, Armen und Beinen bedeckt zu werden, wobei Köpfe hinter mir herrollten.«

Dieser Bericht des Italieners G. Belzoni vom Anfang des vergangenen Jahrhunderts ist bezeichnend für die Mumienbegeisterung der damaligen Zeit. Nicht jedem Archäologen war es vergönnt, einen Pharao in einem Goldsarg zu entdecken. Viele hatten sich durch abstoßende, ekelerregende Leichenberge durchzuarbeiten. Nach vorsichtigen Schätzungen wurden in dreitausend Jahren Totenkult im Land am Nil 500 Millionen Leichen mumifiziert.

In der Kultur der Ägypter nahm der Tod einen zentralen Platz ein. Das Leben ging auch nach dem Tod so lange weiter, wie der Körper erhalten und seine ursprüngliche Gestalt bewahrt blieb. Die Verstorbenen wurden von den Hinterbliebenen versorgt wie Angehörige im Leben. Nahrung, Wohnung, Kleidung, ja sogar Schriftrollen, Spielzeug und Musikinstrumente und Diener in Form von Figuren (*Uschebtis*) sollten den gewohnten Lebensstandard in den Gräbern der wohlhabenden Beamten, Priester und Pharaonen garantieren. Ein Gestorbener, der nicht für den nächsten Abschnitt im Dasein mumifiziert und mit Grabbeigaben bedacht wurde, war wie das Opfer eines Mordes, ohne Chance für eine weitere Existenz. Auf dem Boden von ägyptischen Särgen fand sich die Inschrift: »Nicht ein zweites Mal sterben«.

Die altägyptische Praxis, Tote zu mumifizieren, geht wahrscheinlich auf die Beobachtung zurück, daß Leichen, die im heißen Wüstensand bestattet wurden, nicht verwesten, sondern ein lebensähnliches Aussehen behielten. Als die Leichen zu ihrem Schutz vor Zerstörung durch wilde Tiere oder Grabräuber in Särge gelegt und Grabkammern für sie gebaut wurden, war unbewußt der Verwesungsvorgang begünstigt worden. Um diesem entgegenzuwirken, entwickelten die Ägypter Techniken der Mumifizierung, die erst im Neuen Reich, also um die Mitte des zweiten vorchristlichen Jahrtausends, zu voller Blüte gelangten.

In der Mumienwerkstatt

Eine streng geregelte Abfolge der einzelnen Mumifizierungsschritte sah vor, nach der rituellen Waschung des Leichnams mit der Entfernung des Gehirns zu beginnen. Dazu bedienten sich die Balsamierer eines einfachen Mittels: Mit einem Haken durchstießen sie den Nasenknochen, das Siebbein, und holten durch diese Öffnung die zerstückelte weiche Substanz heraus. Eine andere Möglichkeit war, den Toten mit dem Kopf nach unten zu legen und die schnell sich verflüssigende Hirnsubstanz durch die künstliche Öffnung abfließen zu lassen. Auch das Hinterhauptloch konnte zur Entfernung des Gehirns genutzt werden. Die Hirnschale wurde anschließend mit heißem Harz, mitunter auch mit anderen Stopfmaterialien, wie kleingeschnittenem Leinen, gefüllt.

Im Vergleich zu der sonst reichhaltigen Überlieferung zur ägyptischen Kultur, gibt es wenig Information über den Vorgang der Mumifizierung. Dies ist eine der seltenen bildlichen Darstellungen von einem Leichnam (schwarz dargestellt), der, auf dem Balsamierungsbett liegend, mit Flüssigkeiten besprüht wird.

Dann folgten die von der Verwesung am stärksten betroffenen inneren Organe. Durch einen möglichst kleinen Schnitt holte der Einbalsamierer mit den Händen Leber, Magen, Därme und Lunge heraus. Diese wurden gewaschen und gereinigt, dann in Na-

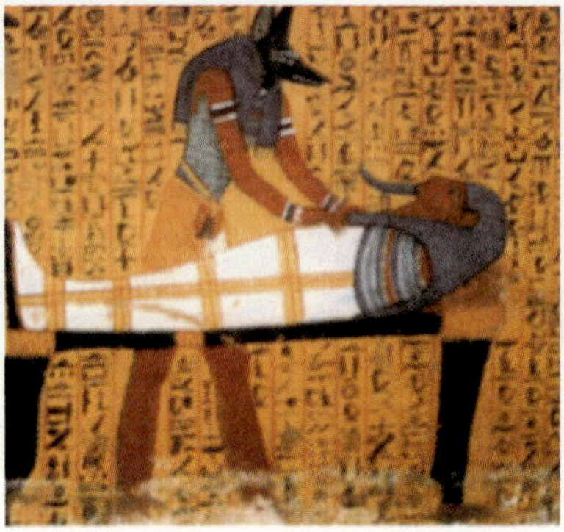

Ein als schakalköpfiger Gott Anubis verkleideter Priester begleitete den Vorgang von der Mumifizierung bis zur Grablegung. Anubis war der Richter, der das Leben des Toten zu bewerten hatte.

tron getrocknet und in Leinen verschnürt. Entweder kamen sie in gesonderte Gefäße, *Kanopen* genannt, die in einem Holz- kistchen mit ins Grab gegeben wurden, oder man legte sie in die Bauchhöhle zurück, bevor der Leichnam einbandagiert wurde. Das Herz als Sitz des Empfindens und des Gefühls, aber auch des Denkens und des Verstehens, behielt seinen angestammten Platz im Körper. Nun begann der wichtige Prozeß der Austrocknung. Hierzu wurde der Tote auf Natronsalz gebettet. Auch in die Körperhöhlen füllte der Einbalsamierer Natron, das in kleinen Leinensäckchen abgepackt war. Natron kam aus dem Norden Ägyptens, dem »Wadi Natrun«, woher es seinen Namen hat.

Danach wurde der Körper wiederum sorgfältig gewaschen. Dabei mußte alles entfernt werden, was noch eine Verwesung ermöglicht hätte, wie zum Beispiel Fette. Brust- und Bauchhöhle wurden dann mit Sägespänen oder Leinenresten, unter die gut riechende Pflanzen gemischt waren, ausgestopft. Das Sägemehl aus duftendem Koniferenholz wurde aus Palästina und dem Libanon eingeführt. Myrrhe und Weihrauch kamen aus dem sagenhaften Land Punt, dem heutigen Äthiopien. Die Duftstoffe hatten vor allem den

Eingeweidegefäß in Form eines Mumienschreins aus dem Grab des Tut-Anch-Amun. Die aus dem Körper entfernten inneren Organe, mit Ausnahme des Herzens, wurden gesondert mumifiziert und in Eingeweidegefäßen, »Kanopen«, beigesetzt.

Zweck, den pestilenzartigen Gestank zu überdecken. Mundhöhle und Nase wurden ebenfalls von innen gefüllt; die Oberfläche des Gesichts wurde teils mit Wachs modelliert. Die ursprünglichen Körperformen sollten trotz der nun für das Knochengestell viel zu weiten Hautdecke wiederhergestellt werden.

Gut riechende Salböle wurden zuvor in den Körper massiert, um die vom Salz hart gewordene Haut geschmeidig zu machen. Mit Ocker färbte der Einbalsamierer männliche Leichen rot, mit Safran weibliche gelb, wie auf ägyptischen Wandbildern zu sehen ist. Aus Syrien eingeführtes Baumharz wurde verflüssigt und über den ganzen Körper gegossen. Der gleiche Zweck wurde auch mit Bitumen, zu deutsch »Gräberpech«, einem Erdölprodukt von der Gegend des Toten Meeres, erreicht, dessen aseptische Wirkung bereits früh erkannt worden war.

Die ägyptischen Mumifizierungstechniken änderten sich im Laufe der Jahrtausende. So wurden beispielsweise auch »biochemische Experimente« mit den Toten gemacht. Eingespritzte Mittel sollten eine schnelle Verflüssigung der Organe bewirken, damit der Körper auf diese Weise einfach entleert werden konnte. Es war dies auch eine billigere Methode als die komplizierte *Eviskeration*; der griechische Historiker Herodot hat die Prozedur sehr plastisch beschrieben: »Wenn du dich zu einem Mittelklasse-Begräbnis entschließt und große Ausgaben vermeiden willst, wird der Körper auf folgende Art und Weise präpariert: Sie füllen ihre Spritzen mit Zedernöl und spritzen es in den Unterleib, und zwar rektal ohne Einschnitt und ohne Entfernung der Eingeweide. Das Öl muß am Wiederherausfließen gehindert werden, die Leiche die vorgeschriebene Zahl von Tagen ruhen, auf daß das Zedernöl wirken kann. Am letzten Tag lassen sie das eingespritzte Öl aus dem Unterleib fließen und damit die Eingeweide, die sich inzwischen aufgelöst haben.«

Wegen des penetranten Geruchs wurde die Einbalsamierung nicht, wie weitläufig angenommen, in dunklen Grüften, sondern in luftigen Zelten oder Lauben ausgeführt, die sich wahrscheinlich in der Nähe des Nils befanden, denn es wurde ständig reichlich Wasser benötigt. Aus Sorge, es könnte auch nur das kleinste Körperteil abhanden kommen und der Tote damit nur unvollkommen das Jenseits erreichen, wurden sämtliche Abfälle bei der Ausweidung und Einbalsamierung zusammengekehrt und in Tongefäßen oder Leinensäckchen mit ins Grab gegeben.

In der abschließenden Phase wurde die Mumie bandagiert und in Tücher gewickelt. Kopf, Leib und Glieder, sogar die einzelnen Finger und Geschlechtsorgane wurden sorgfältig mit in Harz getränkten Leinenstreifen eingewickelt, dazwischen kleine Stoffpolster gelegt, um lebensähnliche Proportionen zu erhalten. Dieser Vorgang war technisch so kompliziert, daß er vierzehn Tage in Anspruch nahm. Es gab Leinenstreifen, die über einen Kilometer lang waren. Den Abschluß bildete das Anbringen zahlreicher Amulette und Schmuckstücke und das Aufsetzen der Totenmaske. Jetzt war der mumifizierte Leichnam so weit präpariert, daß er in den kastenförmigen Sarg gelegt werden konnte. Später benutzten die Ägypter nach dem Umriß des Menschen geformte, reich bemalte und beschriftete Mumienschreine aus dem Holz der Sy-

Ein Mumienverkäufer im Vorderen Orient. Vom Mittelalter an blühte der Mumienhandel mit Europa, da Mumienpulver als wirkungsvolle Medizin galt.

komore. Hohen Würdenträgern, Priestern und Pharaonen dienten mehrere Sarkophage für die Reise ins Totenreich. Einer der Särge Tut-Anch-Amuns bestand sogar aus reinem Gold.

Am Eingang zum Grab wurde das sogenannte Ritual der Mundöffnung vollzogen. Ein Priester berührte mit einem hakenförmigen Instrument Augen, Nase, Ohren und Mund. Es war die symbolisch durchgeführte Handlung der Wiederbelebung der Sinne des toten Körpers. Erst danach konnte der Leichnam ewiger Ruheplatz der Seele werden, wenn ihn nicht Grabräuber oder Archäologen störten. Ein zeitgenössisches Zitat aus der 18. Dynastie, also um die Mitte des zweiten Jahrtausends v. Chr., beschreibt scherzhaft die gesamte Dauer der Prozedur: »Sobald du deine siebzig Tage in der Werkstatt des Einbalsamierers hinter dir hast, winkt dir eine schöne, friedliche Grabstätte.«

»Pulvis mumiae« und die Papiermühlen Kanadas

Daß Mumien in pulverisierter Form in Europa als Heilmittel hoch geschätzt waren, können wir uns heute kaum vorstellen. Dabei beruht ihre Verwendung zu medizinischen Zwecken auf einem Mißverständnis. Das persische Wort mumiya bezeichnet das schwarze Erdpech, das zur Mumienherstellung benutzt wurde. Ihm wurde heilende Kraft nachgesagt. Von diesem Material leitet sich das Wort »Mumie« ab. Da das Ausgangsmaterial schwer zu beschaffen war, ging man dazu über, es aus den einbalsamierten Leichen zurückzugewinnen. In der Folge wurde anstelle des persischen Erdpechs die danach benannte konservierte Leiche zu einem Heilmittel erklärt.

Ein Medizinhistoriker hat nachgewiesen, daß »mumia« etwa 2000 Jahre, bis noch vor wenigen Jahrzehnten, in ver-

Im Deutschen Apotheken-Museum im Heidelberger Schloß sind Mumienteile und Behälter mit Mumienpulver ausgestellt. Noch bis zum Anfang unseres Jahrhunderts verkauften Apotheken diese »Arznei«.

schiedenen Formen gegen alle möglichen Erkrankungen verabreicht, aufgelegt und eingenommen wurde. Entsprechend schwunghaft war der Handel mit Mumien, der seltsame Blüten trieb.

Seit dem Mittelalter gehörte in jede Apotheke eine Mumie, wie das heute noch im St.-Annen-Museum in Lübeck zu besichtigende Exemplar der Ratsapotheke, das dort bis zum Anfang des vorigen Jahrhunderts ausgestellt war. Das Gesicht des dick mit Harz übergossenen Körpers hat ein Bohrloch, durch das der Apotheker das »mumia«, mit dem der Schädel ausgegossen war, herausholte. »Mumia« war aber nicht nur das Harz oder das schwarze Pech, sondern ebenso pulverisiertes Haut- und Knochenmaterial der Mumien selbst. Wer es sich leisten konnte, trug stets ein Beutelchen des Pulvers bei sich. Es gab kaum ein Leiden, gegen das es nicht angewendet wurde.

Als der ständig wachsende Bedarf im 16. Jahrhundert auf religiösen Widerstand in den arabischen Ländern stieß, wurde dort für den Mumienhandel die Todesstrafe verhängt. Die Moslems argumentierten, sie wollten ihre Vorfahren nicht von den Christen aufessen lassen. Aber die Nachfrage hielt an, und da es ums Geschäft ging, scheuten sich clevere Händler im Vorderen Orient nicht, zu eigenwilligen Methoden zu greifen. Sie stahlen frisch beerdigte Zeitgenossen aus ihren Gräbern oder holten sich die Körper gerade Gehenkter vom Galgen und verwandelten sie in Mumien, indem sie sie im Wüstensand vergruben und austrocknen ließen. Anschließend wurden sie dann als antike Mumien nach Europa verkauft.

Auf ganz andere Verwertungsmöglichkeiten von Mumien verfielen die erfindungsreichen Amerikaner. Für die Herstellung von Papier wird Leinen benötigt. Da Mumien in mehreren Lagen in Leinentücher und -binden gewickelt waren – in einem Fall wurden 375 Quadratmeter Leinenstoff für eine Mumie nachgewiesen – entdeckten Unternehmer in den USA und Kanada in den ägyptischen Mumien eine kostengünstige Rohstoffquelle. So wanderten im 19. Jahrhundert Schiffsladungen voller Mumien in die Papiermühlen Nordamerikas.

Eine eher kuriose Verwertung, die vielleicht nur ein Produkt seiner Phantasie ist, beschreibt Mark Twain in der Erzählung *Innocents Abroad* (»Die Arglosen im Ausland«): Als die ersten Eisenbahnen in dem an Brennstoff so armen Ägypten in Betrieb genommen wurden, sollen Mumien zur Feuerung der Dampfkessel gedient haben.

Im vorigen Jahrhundert dekorierten englische Lords ihre Salons mit jahrtausendealten Exemplaren. In den höheren Kreisen griff eine neue Leidenschaft um sich: Mumien von einer Ägyptenreise mitzubringen und zu Hause auszuwickeln. Daraus wurden gesellschaftliche Ereignisse. In England wurden sogenannte »Auswickel-Parties« veranstaltet. Dabei ging es auch um die Überraschungseffekte. Oft nämlich fanden sich in dem Wickelmaterial eingeschlossen Medaillons, Schmuckstücke und Amulette. War die Mumie ausgewickelt und bestaunt, waren die Reste wertlos und wurden weggeworfen. Wo man sich als einzelner das Vergnügen, eine Mumie sein eigen zu nennen, nicht leisten konnte, lösten Gemeinschaften das Problem. »Mumienvereine« bildeten sich mit dem Ziel, auf örtlichen Ausstellungen Mumien zeigen zu können. Ein Beispiel ist der Mumienverein der Stadt Hamm, der Geldsammlungen veranstaltete, damit eine Mumie aus Ägypten importiert werden konnte. Sie wurde dann in einem Restaurant bei 50 Pfennig Eintritt ausgestellt.

Die Amazone im ewigen Eis

Im äußersten Südosten Kasachstans, im Dreiländereck zu China und der Mongolei, entdeckten russische Archäologen im vergangenen Jahr ein Doppelgrab aus der Skythenzeit, also etwa aus dem 5. bis 3. vorchristlichen Jahrhundert. Als Skythen bezeichneten die Griechen jene Nomadenvölker, die die Steppen im fernen Nordosten und Osten Eurasiens bewohnten. Dieses Grab, ein sogenanntes *Kurgan* oder »Kammergrab« war so geräumig, daß es neben den Toten Platz bot für neun mit ihnen bestattete Pferdekörper und zahlreiche Grabbeigaben.

Obwohl dieser Fund noch nicht endgültig ausgewertet ist und die Grabungen noch andauern, kann er schon jetzt als sensationell bezeichnet werden. Die in dem Grab freigelegte Leiche einer jungen Frau trägt die gleiche Kriegsausrüstung und Bekleidung wie ihr etwa 45jähriger Mann. Ihre Waffen sind sogar prächtiger als die des Mannes. Sie trug einen Eisendolch am rechten Schenkel, einen Köcher und einen Filzhelm, Teile einer kriegerischen Tracht, wie sie von Männern bekannt ist. Hinweise auf waffentragende Frauen aus der frühen Eisenzeit hatte es bereits gegeben, aber kein Fund hatte dies bisher so anschaulich belegen können. Die »Amazone von Bertek« ist möglicherweise ein Beweis für die geschichtliche Realität der Amazonenlegende in der griechischen Antike.

Ihre Entdeckung ist in ihrer Bedeutung einzigartig und für die Archäologie wie für die Frühgeschichte ähnlich wertvoll wie der Fund des Eismannes am Hauslabjoch, der als »Ötzi« in die jüngste Geschichte der Archäologie eingegangen ist. In beiden Fällen werden Einblicke in das Leben

Die im Frost konservierte Leiche einer Skythenfrau liegt in einem Baumsarg. Außerhalb der Kammer fand man sechs Pferdekadaver.

Auf einen der sensationellsten Funde aus der Skythenzeit stießen Archäologen im Sommer 1993: die »Amazone von Ak Allacha«. Die Mumie lag fast zweieinhalbtausend Jahre im Permafrost Sibiriens.

und die Kultur der Menschen vergangener Zeiten ermöglicht. In beiden Fällen ist der konservierende Frost die Voraussetzung für die jahrhundertelange Erhaltung der Leichen.

Die »Amazone von Bertek« lag in einer Grabanlage, die so konstruiert war, daß der Bereich, in dem die Toten bestattet wurden, nach einer gewissen Zeit vom Frost erfaßt wurde. bis zur Entdeckung im Sommer 1992 war das Grab nicht aufgetaut.

Schon vor der Entdeckung vom vergangenen Jahr waren skythenzeitliche *Kurgane* im Altai-Gebirge freigelegt worden. Trotz der Zerstörungen durch frühe Grabräuber lassen sich die Totenbräuche gut rekonstruieren. Die Gruben in etwa vier Meter Tiefe hatten eine Größe von etwa fünfzig Quadratmetern. Wände und Decken wurden mit Hilfe mächtiger Balken, zum Teil in mehreren Schichten, errich-

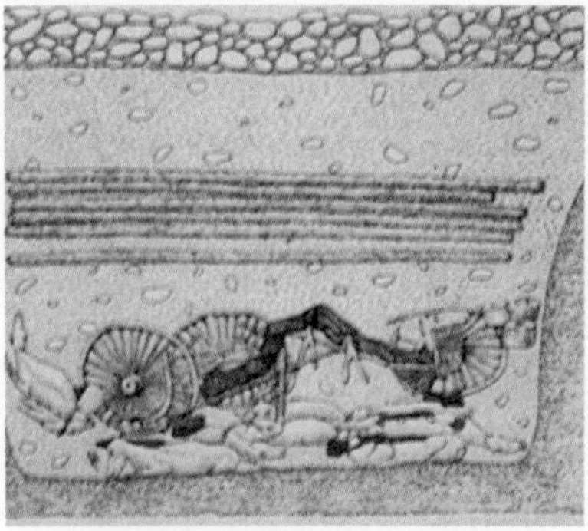

Schnitt durch ein Grab der Skythenzeit, in das außerhalb der eigentlichen Grabkammer Pferde und Wagen gelegt wurden. Teilweise wurden die Pferde mumifiziert.

tet. Darüber schüttete man Erde und obenauf wurden Steine gelegt. Im Inneren wurden die Toten in wuchtigen, bis zu fünf Meter langen Särgen aus ausgehöhlten Baumstämmen bestattet, wobei Mann und Frau in einem Sarg liegen konnten.

Den Toten gaben die Angehörigen Reit- und Wagenpferde für ihr Leben im Jenseits mit ins Grab. Die Tiere wurden am Rand der Grube mit einem Streitpickel durch einen gezielten Schlag in die Stirn getötet und anschließend, wahrscheinlich mit Seilen, in die Grube hinabgelassen. In den Gräbern von Skythen in Südrußland, Kasachstan und der Ukraine fanden sich Pferdekadaver, die konservierend behandelt worden waren. Allerdings begnügte man sich mit der Entfernung der Eingeweide, an deren Stelle man Spreu in die Bauchhöhle stopfte.

Bei den Toten in den Kammergräbern des Altai-Gebietes kommt zum Frost noch eine wesentliche Komponente hinzu: sie wurden *künstlich* mumifiziert. Schon der »Vater der Geschichtsschreibung«, der weitgereiste Grieche Herodot, schreibt im 5. Jahrhundert v. Chr., daß die skythischen Könige unter Verwendung kostbarer Spezereien einbalsamiert wurden. Russische Archäologen haben dies durch Untersuchungen bestätigt, wobei klar wurde, daß die Skythen unterschiedliche Methoden der künstlichen Mumifizierung anwendeten. Dies hängt wohl einerseits mit dem als Geheimnis gehüteten Wissen der einzelnen Einbalsamierer, andererseits mit den jahreszeitlichen Bedingungen für die Mumifizierung zusammen.

Bei den meisten Toten war eine Schädeltrepanation am Hinterkopf zur Entfernung der Gehirnmasse vorgenommen worden. Die Hirnhöhle wurde mit Materialien wie Erde und Kieselsteine gefüllt, bevor das ausgestemmte Schädelstück wieder eingesetzt und die Kopfhaut sorgfältig vernäht wurde. In fast allen Fällen wurden die Eingeweide, zum Teil auch die Muskeln, durch Einschnitte in der Lenden- und Bauchgegend sowie der Schultern und der Beine entfernt. Als »Stopfmaterialien« benutzte man Pflanzen wie Safran, Zyperngras, Sellerie, Anis und Dill. Diese dienten wohl weniger der Konservierung als der Überdeckung des Leichengeruchs. Ungewöhnlich sind Spuren von winzigen Bohrungen an Röhrenknochen, Brustbein und Wirbeln bei einigen der Bestatteten, bei denen wahrscheinlich Flüssigkeiten, die bis heute nicht identifiziert worden sind, zur Mumifizierung in die Knochen eingefüllt wurden.

Am Kopf dieser weiblichen Mumie aus einem skythenzeitlichen Grab sind deutlich die Spuren der Schädelöffnung zur Entfernung des Gehirns zu erkennen.

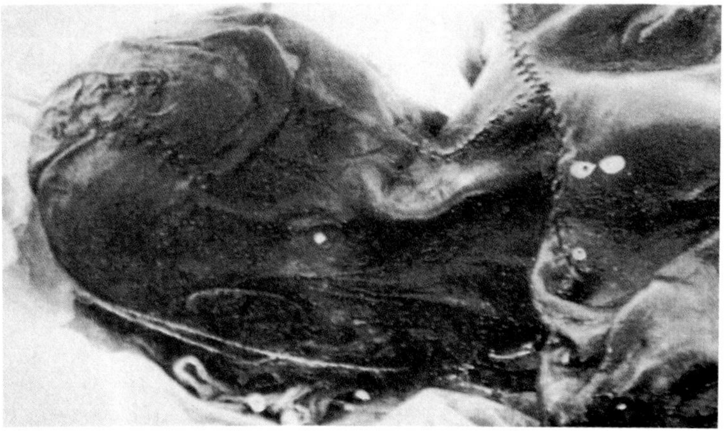

Die Toten wurden nach dem sorgfältigen Verschließen der Nähte mit Wachs überzogen. Das Wachs hatte eine doppelte Wirkung: es schützte einerseits vor dem Ablegen von Insektenlarven und verhinderte Fäulnisprozesse auf der Haut, andererseits trug es dazu bei, die äußere Gestalt und vor allem die Gesichtszüge zu erhalten. Daß zusätzlich die Leichen durch Schminke verschönt, Leichenflecke abgedeckt, körperliche Defekte und Verletzungen kaschiert wurden, ist sehr wahrscheinlich.

Ein russischer Wissenschaftler hat die Theorie aufgestellt, daß die Entfernung des Muskelfleisches kannibalistischen Ritualen diente: bei den Totenfeiern verzehrten die Angehörigen Teile des Leichnams. Diesen Brauch hat der Ethnologe Bronislaw Malinowski noch vor wenigen Jahrzehnten beobachten und erklären können: »...ein Brauch, sich in Pietät das Fleisch des Toten einzuverleiben. Es wird mit äußerstem Widerwillen und Grauen getan und meistens erfolgt heftiges Erbrechen. Gleichzeitig wird es als höchster Akt der Verehrung, der Leibe und Ergebenheit empfunden. Es wird tatsächlich so sehr als heilige Pflicht angesehen, daß es unter den Melanesiern in Neuguinea, wo ich es untersucht und erlebt habe, noch heimlich ausgeführt wird, obwohl es streng von der weißen Regierung bestraft wird.«

Im Gegensatz zu den Ägyptern, die die Körper für die Ewigkeit erhalten wollten, war bei den Skythen der wichtigste Zweck der Konservierung erfüllt, wenn der Leichnam die Dauer der Totenfeierlichkeiten überstand. Da diese, wie schon Herodot beschreibt, sich über 40 Tage erstreckten, innerhalb derer der Tote auf einem Wagen herumgeführt wurde und bei großen Festessen als Repräsentant der Macht gegenwärtig sein mußte, war eine sorgfältige Behandlung der Leichen notwendig.

»Nach einem Jahr«, schreibt Herodot über die grausamen Praktiken bei Fürstenbegräbnissen der Skythen, »werden die Zeremonien fortgesetzt. Fünfzig der besten Männer werden ausgewählt und erdrosselt, zusammen mit fünfzig der besten Pferde. Die Pferde werden ausgenommen, die Leibeshöhlen gereinigt, mit Stroh gefüllt und wieder zugenäht. Dann werden Pfähle paarweise in den Boden versenkt. Ein quer geführter Balken wird durch das Pferd vom Schwanz zum Hals gesteckt und anschließend das so aufgespießte Pferd auf die Pfähle gehoben, so daß die Beine in der Luft baumeln. Jedem Pferd wird Zaumzeug angelegt und das Halfter später an einem vor dem Pferd in den Boden gerammten Stock angebunden. Dann werden die erdrosselten fünfzig jungen Männer auf die Pferde gehoben. Damit sie sitzen bleiben, wird ihnen ein Pfahl entlang der Wirbelsäule durch den Körper bis zum Hals getrieben, das untere Ende wird in dem Balken versenkt, der das Pferd hält. Die fünfzig Reiter bilden einen Kreis um das Grab.«

Die schwimmende Mumie der Lady Chang

Eine zwanzig Meter hohe Erhebung sollte Anfang der siebziger Jahre für den Neubau eines Hospitals der Stadt Changsha in der chinesischen Provinz Hunan eingeebnet werden, als Bauarbeiter bemerkten, daß der Hügel künstlich angelegt war. Archäologen wurden hinzugezogen. Man war auf das Grab der chinesischen Fürstin Chang gestoßen, die vor etwa 2100 Jahren gelebt hatte. Von den vielen Gräbern rund um Changsha blieben lediglich das der Lady und, wie sich später herausstellte, die zweier Fürsten von Grabräubern unberührt. Die chinesische Regierung veranlaßte die Freilegung. Nach vier Monaten stießen die Archäologen schließlich auf das Grab der nach dem chinesischen »Buch der Zeremonien« begrabenen Lady Chang. Sie wurde zunächst für die »Marquise von Tai« gehalten, weshalb die Mumie auch unter diesem Namen bekannt ist. Das Grab enthielt drei reich dekorierte Sarghüllen, auf die fünf Tonnen Holzkohle aufgeschüttet worden waren. Die Holzkohle diente ebenso wie der aus Lehm geformte Außenmantel der Särge dazu, eindringendes Wasser zu absorbieren. Im Innersten der hermetisch verschlossenen Särge lag, in einer dunkelroten Flüssigkeit, die noch nach 2100 Jahren vollständig vorhanden war, die Leiche der Lady Chang, bedeckt von zwanzig bestens erhaltenen gebliebenen Seidendecken. Die Flüssigkeit war quecksilberhaltig. Die chinesischen Wissenschaftler fanden heraus, daß der luftdichte Abschluß bei einer konstanten Temperatur von 13° Celsius bewirkt hatte, daß der nach der Grablegung noch vorhandene Sauerstoff von Kleinstorganismen schnell aufgebraucht war, so daß das völlige Fehlen von Sauerstoff und die Flüssigkeit für eine Konservierung des Körpers sorgten.

Die Mumie der Lady Chang auf dem Röntgentisch.

Der dreifache Sarg der Lady Chang war mit Seidentüchern bedeckt. Auf einem der Tücher ist die Tote mit Krückstock und in gebückter Haltung abgebildet. Eine Autopsie hat ergeben, daß sie wegen einer Rückgratverletzung tatsächlich einen Gehstock benutzte.

Die Autopsie ergab, daß die Fürstin mit etwa 50 Jahren gestorben war; sie war 154 Zentimeter groß und wog 34,4 Kilo. Die Haut war elastisch und völlig erhalten, das Haar schwarz. Sie hatte 16 zum Teil stark abgeriebene, schadhafte Zähne. Ihre Blutgruppe ließ sich mühelos bestimmen. Die Gewebe und alle inneren Organe waren hervorragend konserviert; der Körper hatte seine Geschmeidigkeit bewahrt. Speisereste in ihrem Magen ließen erkennen, daß sie kurz vor ihrem Tod Moschusmelone gegessen hatte.

Die Untersuchung erlaubte eine lückenlose Aufklärung der Todesursache. Sie hatte einen bohnengroßen Gallenstein, der den Gallenausgang verstopfte und extreme Schmerzen verursacht haben muß. Sie litt unter schwerer

Arteriosklerose, die linken Herzkranzgefäße waren nur noch zu einem Viertel durchlässig. Die eigentliche Todesursache war dann eine Thrombose. Andere pathologische Befunde aus ihrem Leben konnten rekonstruiert werden. In der Lunge konnte Tuberkulose nachgewiesen werden. In Leber und Darm fanden sich verschiedene Parasiten. Am vierten Rückenwirbel gab es einen Knochenauswuchs, der schwere Rücken- und Beinschmerzen verursacht haben kann. Diese Tatsache wird bestätigt durch eines der mit ins Grab gegebenen Seidentücher. Darauf wird Lady Chang, auf einem Gehstock gestützt, abgebildet. Der rechte Unterarm war verformt, da eine Knochenfraktur schlecht verheilt war.

Der chinesische Fund weist eine Perfektion der Konservierung auf, an die nicht einmal die besten Spezialisten des alten Ägypten heranreichen. Leider haben die Chinesen, ohne mit Experten aus westlichen Ländern in einen Erfahrungsaustausch zu treten, die Mumie der Lady Chang nach der Untersuchung in Formaldehyd konserviert, anstatt sie unter den ursprünglichen Bedingungen in der gefundenen Flüssigkeit weiterhin aufzubewahren.

Totenkabinette

Eines der wohl anschaulichsten Beispiele von mumifizierten Leichen ist – mit mehr als 8000 Toten die größte erhaltene Sammlung dieser Art in Europa – das Kapuzinerkloster von Palermo. Der Kapuzinerorden hatte seit jeher eine besondere Beziehung zum Tod, da er es als seine wichtigste Aufgabe ansah, den Menschen die irdische Eitelkeit und Vergänglichkeit vor Augen zu führen. Nachdem man durch Zufall die konservierende Wirkung der Gewölbe des Klosters entdeckt hatte, begann man, dort einen ausgeprägten Leichenkult zu entwickeln. In dem Kloster sind nicht nur Ordensmit-

Oben: Ossuarium mit Knochenrosetten und Mumien in Palermo.
Unten: Seitengang in der Kapuzinergruft von Palermo.

glieder sondern, nach Standesunterschieden streng getrennt, auch Frauen, Männer und Kinder ausgestellt. In den Gängen, vom Oberlicht erhellt, sitzen, liegen oder hängen Leichen aus zwei Jahrhunderten in ihrer besten Kleidung.

Die sizilianische Gesellschaft ist in dem Kloster wie in einem Gruselkabinett zu bestaunen. Bei einigen haben die Angehörigen die zerfallene Bekleidung erneuert. Nicht immer stimmt die neue Mode mit dem Alter der Toten überein. Die warme, äußerst trockene Luft und gute Ventilation sorgten für den natürlichen Prozeß der Mumifizierung. 1881 wurden weitere »Bestattungen« in dieser öffentlichen Form untersagt.

Das kleine Städtchen Venzone bei Udine im Norden Italiens gelangte ebenfalls durch Mumien zu einer gewissen Berühmtheit. In seiner Kirche wurden im 17. Jahrhundert Mumien entdeckt. Sie stammen von Bürgern des Ortes, deren Namen und Lebensdaten bekannt waren. Man glaubte an eine himmlische Fügung, als man die erste dieser Mumien fand. Die Öffnung anderer Särge ergab, daß alle in der Kirche bestatteten Toten als Mumien erhalten waren. Zur Förderung des Tourismus entschloß man sich später, diese Wunder zur Schau zu stellen und verlagerte die Mumien in das inzwischen von einem Erdbeben zerstörte Baptisterium.

Untersuchungen des Naturhistorischen Museums Wien über die Ursachen dieser Art von Mumifizierung ergaben, daß ein parasitärer Pilz, *hypha bombicina pers.* aus der Gruppe der *fungi imperfecti*, die Leichen befallen hatte. Dieser Pilz durchwächst das Gewebe. Seine antibiotische Wirkung tötet Fäulnisbakterien ab, so daß sich der Trocknungsprozeß etwa innerhalb eines Jahres vollzieht. Der Pilz trocknet dann selbst aus und bildet eine Kruste, die ein Eindringen von Wasser verhindert. Die Haut der Mumien ist fast weiß und trocken wie Karton. Die äußerliche Form der Körper ist erhalten, die inneren Organe sind jedoch weitgehend zu rötlichem Staub zerfallen, Muskeln, Bänder und Gefäße vertrocknet.

Auf viertausend wird die Zahl der Toten geschätzt, die in

der Wiener Michaelergruft zwischen den Jahren 1631 und 1784 bestattet wurden, bis Kaiser Joseph II. eine Reform des Bestattungswesens durchführen ließ. Der Grund dafür waren die sich verschlechternden hygienischen Verhältnisse. Etwa 10 000 Tote waren jährlich in Wien zu bestatten, der größte Teil allerdings auf den innerstädtischen Friedhöfen.

»Nehmt die Ausdünstungen der Gefängnisse, der Fleischbänke, der Geflügel- und Fischmärkte, der Gerber, Färber, der Kupferschmiede und ähnlicher Werkstätten, der Ställe, Kloaken, Küchen, Lampen, des Hetzhauses usw., und dies alles auf dem Raum einer kleinen Quadratmeile: so habt ihr die Atmosphäre von Wien«, schreibt ein Bewohner der Stadt im 18. Jahrhundert. Unter diesen Verhältnissen wurden die Leichengerüche, die aus den Grüften durch die Luftkanäle an die Oberfläche drangen, zu einer unerträglichen Belastung.

Die unterirdischen Gewölbe liegen nicht nur unter der Kirche, sondern erstrecken sich auch unter die angrenzenden Bürgerhäuser, Straßen und Plätze. Mehrmalige »Purgierungen«, das heißt Zerstörungen der älteren Särge und ihres Inhalts, vergleichbar den Einebnungen auf Friedhöfen, reduzierten die Bestände erheblich. Heute sind noch 256 Särge zu besichtigen. In einer Vielzahl dieser Särge, die teilweise offen sind, befinden sich mumifizierte Leichen in sehr unterschiedlichen Erhaltungszustand.

Nicht mehr der Nachwelt erhalten sind die Mumien aus den Katakomben der Wiener St. Stephanskirche. Adalbert Stifter schrieb nach einem Besuch 1842 über eine weibliche Mumie: »Das Antlitz und der Körper ist wunderbar erhalten – in diese verschlossenen Räume muß die Verwesung nicht haben eindringen können, so daß die organischen Gebilde bloß vertrockneten, aber nicht zerstört wurden – die Züge des Gesichtes sind erkennbar, die Glieder des Körpers sind da, aber die züchtige Hülle desselben ist verstaubt und zerrissen, nur einige schmutzige schwarze Lappen liegen um die Glieder und verhüllen sie dürftig, auf einem Fuß schlottert ein schwarzer seidener Strumpf, der andere ist nackt, die Haare liegen wirr und staubig, und Fetzen eines schwarzen Schleiers ziehen sich seitwärts.«

Der Bleikeller von Bremen

Als im 18. Jahrhundert die Orgel der Domkirche St. Petri von Bremen erneuert werden sollte, gingen die Arbeiter durch eine sonst verschlossene, unterirdische Gruft, in der sich eine Reihe von Särgen befand. Aus Spaß öffneten sie einen und waren erschreckt, darin einen gut erhaltenen, bekleideten Leichnam vorzufinden. Man ging daran, auch die anderen zu öffnen: sieben Särge von Erwachsenen und einen für ein Kind. In allen bot sich das gleiche Bild von unverwesten, gut erhaltenen Toten, denen weder Gliedmaßen noch Fingernägel, Zähne oder Haar fehlten. Die Mumien wurden rasch eine Touristenattraktion. Sie waren so steif, daß sie der Küster, zum Entsetzen der zahlreichen Besucher, aufrecht hinstellen konnte. Bei seinen Führungen im Bleikeller soll er mit dem Schlüssel gegen den Brustkorb der Mumien geklopft haben, um zu zeigen, wie hart sie sind.

Die Bezeichnung Bleikeller rührt daher, daß in diesem Gewölbe, bevor es Gruft wurde, das Blei für die Bedachung der Kirche gelagert und verarbeitet wurde. Der Begriff »Bleikeller« hat also nichts mit dem Material der Särge oder der Beschaffenheit der Gruft zu tun. Die in Bremen verbreitete Anschauung, das Blei sei die Voraussetzung zur Mumifizierung, ist durch nichts bewiesen. Makaber mutet uns heute an, daß Mumienteile als Souvenirs verkauft oder verschenkt wurden. Zu Weihnachten 1803 wurde die Familie Goethe mit einem Mumienfinger aus dem Bremer Bleikeller beschenkt, für den sich Sohn August in einem Schreiben artig bedankte.

Tanzleichen und Heilige Leiber

Wie von Edgar Allan Poe erdacht, klingt die Geschichte des 1677 gestorbenen Herzberger Kaufmanns Curd Schachtrup, der heute im Göttinger Institut für Rechtsmedizin zur Ruhe gekommen ist. Er wurde im Dezember bei strengem Frost in der Familiengruft beigesetzt. Als ihm 37 Jahre später sein Sohn folgen sollte und die Gruft geöffnet wurde, stand die Trauergemeinde vor der völlig unversehrten Leiche des Kaufmanns. Zur Erklärung des Phänomens kursierte bald darauf folgende Geschichte: Der Kaufmann soll einst eine Kiste Eisen aus England bestellt haben. Irrtümlicherweise wurde ihm aber eine Kiste mit Gold geschickt. Als der Absender das Gold zurückforderte, schwor Schachtrup, es nie erhalten zu haben und fügte hinzu, »so wahr ich nach meinem Tode verwesen werde.« Wie in einer Art Gottesurteil sah man nun in dem unverwesten Leichnam des Kaufmanns seinen Betrug erwiesen.

In der Folge zeigten die Herzberger wenig Respekt vor ihrem ehemaligen Mitbürger. Gegen Trinkgeld wurde sein Leichnam jahrelang zur Schau gestellt. Sogar ins Wirtshaus nahm sie der Totengräber mit, wo mutige Burschen gegen Bezahlung mit der »Tanzleiche« auf den Tanzboden gehen konnten. In einen Schlitz an der Bauchseite mußten sie einen Taler stecken.

Sind Schachtrup und der berühmte Ritter Kahlbutz aus Kampehl bei Neustadt an der Dosse, der einen Mord begangen haben soll, zur körperlichen Unsterblichkeit verflucht, so werden andere dadurch ausgezeichnet. In diesem Fall bewahrt »Gottes Wille« die Toten vor natürlicher Zersetzung als Belohnung für außerordentliche Taten. Die heili-

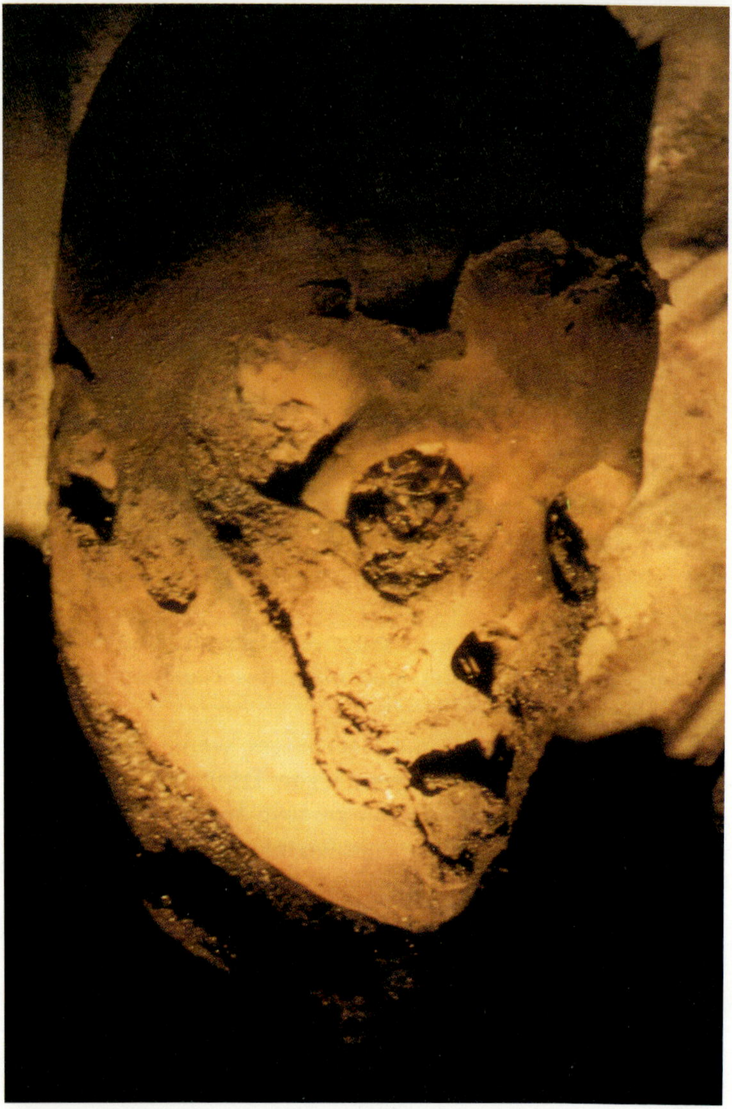

Diese weibliche Mumie soll zur Strafe für ihren unmoralischen Lebenswandel nicht verwest sein.

ge Bernadette von Lourdes, Anna von Guigné und zahlreiche mehr oder weniger gut erhaltene Leichname werden von Anhängern der katholischen Kirche verehrt. Sie sind häufig das Ziel von Wallfahrten, da von ihnen segnende und heilende Kräfte ausgehen sollen. Die Anbetung solcher »heiliger Leiber«, die in Seitenaltären und Glassärgen auf Altarsteinen in manchen Kirchen Italiens und Süddeutschlands aufgebahrt sind, bildet auch heute noch vielerorts einen festen Bestandteil katholischer Frömmigkeit.

Die Kirche von St. Thomas am Blasenstein in Oberösterreich lockt jährlich fast 20 000 Besucher an. Dort liegt in einem gläsernen Sarg, und nur mit einer Lederhose bekleidet, der im Volksmund so genannte »g'selchte Kaplan«, Franz Xaver Sidler von Rosenegg. Heiratslustige Mädchen schreiben ihm wundertätige Kräfte zu. Er wurde, so hält das Totenbuch fest, 1746 im Alter von 37 Jahren auf dem Friedhof begraben. Vor einigen Jahrzehnten, als wieder einmal Gräber aufgelassen wurden, stieß man auf den gut erhaltenen, mumifizierten Priester, der inzwischen zur Besichtigung ausgestellt ist. Beim »g'selchten Kaplan« liegt der in unseren Breiten seltene Fall vor, daß ein Toter in einer Erdbestattung konserviert wurde. Möglicherweise liegen die Gründe hierfür in der Tatsache, daß er in einem besonders guten, mit Spänen ausgefüllten Eichensarg lag. Es ist bekannt, daß Eichenspäne, wenn sie, beispielsweise durch ein Loch im Sarg, mit der im Boden vorhandenen Humussäure in Berührung kommen, eine stark gerbende, das heißt fäulnishemmende Wirkung haben.

Auch in der schlimmsten Zeit der Religionsunterdrückung in der Sowjetunion zogen die Gläubigen in die Katakomben der Höhlenklöster von Kiew in der Ukraine. Hier liegt eine Vielzahl mumifizierter Mönche, die möglicherweise auf Grund bestimmter, in den unterirdischen Gängen vorhandener Strahlungen und der gleichmäßigen

Temperaturen und Ventilation nicht verwesten. Es ist wahrscheinlich ein von den frühen sowjetischen Behörden in die Welt gesetztes Gerücht, daß sich die Mumien aufgrund der in den Höhlen vorhandenen Strahlung nicht fotografieren ließen. Vielleicht wollten sie dadurch verhindern, daß dem Mumienkult durch die Verbreitung von Fotos Vorschub geleistet wurde.

Auch in Griechenland kann man Mumienverehrung beobachten. Auf der Insel Korfu wird der Tag des Heiligen Spiridon, des Schutzheiligen der Insel, mit einer Prozession begangen, auf der seine mumifizierten Überreste mitgeführt werden.

Nicht immer löste die Tatsache der Mumifizierung von Verstorbenen bei religiösen Menschen Begeisterung aus. Als Juan de la Cruz, ein berühmter Mystiker des 16. Jahrhunderts, neun Monate nach seinem Tod exhumiert wurde und seine sterblichen Reste nach Segovia überführt werden sollten, zeigte sich, daß er frisch wie am Tag der Grablegung aussah. Die drei Ordensbrüder und der Amtsrichter, die die Umbettung vornehmen wollten, erschraken so sehr, daß sie den Toten in die Grube zurückwarfen und mit Kalk überschütteten, bevor sie eiligst den Ort des Grauens verließen.

Mumien-Buddhas in Japan

Unter japanischen Mönchen gibt es extrem asketische Praktiken auf dem Weg zur Erleuchtung. Ein besonderes Beispiel liefern die Mönche der sogenannten Shingon-Sekte des Buddhismus, die an den Hängen des heiligen Berges Yudonosan in der Yamagata-Provinz im Nordwesten Japans zu Hause sind. Am Ende eines langen, entbehrungsreichen Lebens im Dienste der Allgemeinheit ließen sich viele von ihnen bei lebendigem Leibe in speziell vorbereiteten Steinkammern unter der Erde einmauern. Ein Glöckchen läutend

Mumienschrein in einem buddhistischen Tempel in Tsuruoka im nordwestlichen Japan.

und *Sutren,* Gebetsverse, rezitierend, erwarteten sie, in ihrem steinernen Verließ in Buddha-Haltung sitzend, ihren Tod. Ein Bambusrohr nach draußen sicherte ihnen die Luftzufuhr für den letzten Atemzug. Nach tausend Tagen wurden sie von ihren Schülern und Anhängern ausgegraben und falls der Mumifizierungsprozeß noch nicht abgeschlossen war, über brennenden Kerzen getrocknet. Anschließend wurden sie als »lebendiger Buddha« im Tempel in einen besonderen Schrein gesetzt.

Dieser Brauch geht zurück auf den Gründer der Shingon-Sekte, den Priester Kukai (Kobo-daishi), der sie Anfang des 9. Jahrhunderts n. Chr. von seinen Studien des Buddhismus in China nach Japan mitbrachte. Dort war es unter Mönchen bereits üblich, sich durch Askese und Mumifizierung in den Zustand des *nyujo*, des »Eintretens ins Nirwana«, zu versetzen. Der einmal gefaßte Entschluß, sich auf diese Weise zum Buddha zu machen, war nicht ohne Risiko

Telefonkarte mit dem Abbild einer Mumie aus dem Dainichibo-Tempel am Fuße des heiligen Berges Yudonosan im Nordwesten Japans.

für den, der seinen Entschluß später rückgängig machen wollte. Von dem Mönch Zenshinbo, der Anfang des vorigen Jahrhunderts lebte, wird berichtet, daß er es sich kurz vor seinem Tode anders überlegt hatte. Seine Anhänger zwangen jedoch den widerstrebenden Mönch dazu, sich lebendig begraben zu lassen. Auf diese Weise stellten sie sicher, nach seiner erfolgten Mumifizierung auch in ihrem Tempel einen »Schutzheiligen« zu haben.

Der letzte »lebendige Buddha« betrieb seine Selbst-Mumifizierung im Jahre 1903, danach wurde die Praxis vom Staat verboten. Noch heute werden die Mumien-Buddhas von Gläubigen aufgesucht, die sich von ihnen Heilung oder auch nur Glück versprechen. Am Eingang zum Dainichibo-Tempel unterhalb des heiligen Berges Yudonosan kann man sogar das Konterfei des Daijuki Bosatsu Shinnyokai Shonin, der im Jahre 1783 zu einem »lebendigen Buddha« mumifizierte, als Telefonkarte erwerben. Ein einleuchtend effizientes Beispiel für die Verquickung von Tradition und Moderne in Japan.

Staatsmumien

Zu der Heiligenverehrung von mumifizierten Leichnamen im religiösen Bereich gibt es auch weltliche Parallelen: so die in Argentinien verehrte Frau des Diktators Perón, Evita. Sie wurde nach ihrem Tod mit Paraffin behandelt, eine Methode, mit der das Gewebe vor Zersetzung geschützt wird. Es gelang bei ihr so perfekt, daß sie wie eine sanft Schlafende aussieht.

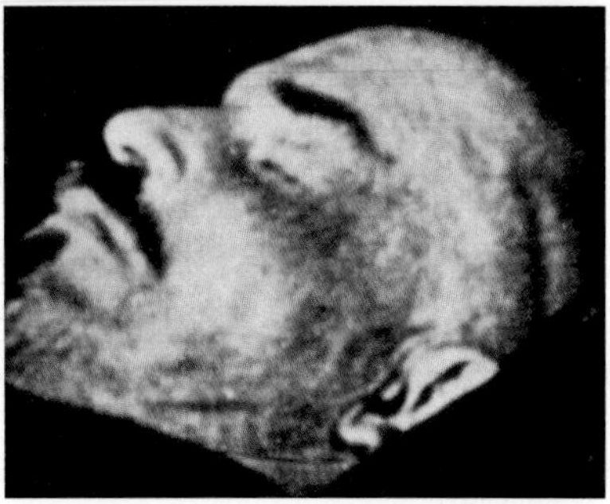

Ihre atheistische Haltung hielt die Bolschewisten nicht davon ab, ihre Helden wie Heilige zu verehren. Die Methoden, mit denen Lenins Leichnam balsamiert wurde, unterlagen der Geheimhaltung und sind bis heute nicht bekannt.

Auch die Größen der Geschichte des Weltkommunismus, Lenin und Stalin, Hô Chi Minh, Dimitroff in Bulgarien und in der Tschechoslowakei Gottwald, wurden mit Hilfe von Paraffin konserviert. Genaue Angaben über den Prozeß der Konservierung wurden streng geheimgehalten. Stalin ließ einen der beiden Einbalsamierer Lenins sogar ermorden, möglicherweise zum Schaden seines eigenen späteren Leichnams. Denn nach dem Fall des Kommunismus wurde bekannt, daß die späteren Mumifizierungen, besonders die von Dimitroff und Gottwald, mißlangen und mehrere Körperteile durch künstliche ersetzt werden mußten. Der Ruf der sowjetischen Balsamierungskünstler war möglicherweise nur dadurch zu bewahren gewesen, daß ihre Arbeit der höchsten Stufe der Geheimhaltung unterlag.

Der »Fluch des Pharao« in der Parochialkirche

Aufsehen erregt 1986 ein Fund auf der Treppe des U-Bahnhofs Klosterstraße in Berlin-Mitte: auf den Stufen, mehr liegend als sitzend, finden Arbeiter auf dem Weg zur Frühschicht die Mumie einer Frau. Die Volkspolizei wird gerufen. Dann wird, da es sich um einen Todesfall handelt, die Kripo eingeschaltet. Der Diensthabende stellt messerscharf fest: »Die Frau ist tot«. Als »rote Else«, weniger wegen ihrer Gesinnung als wegen ihrer Haarfarbe, geht sie in die Berliner Kriminalgeschichte ein. Es stellt sich heraus, daß sie aus dem Grabgewölbe der Parochialkirche gestohlen worden war. Zwar hat man die Täter, die sich diesen makabren Scherz erlaubten, nie gefaßt, aber möglicherweise wollten sie auf den schlechten Sicherungszustand der mitten in Berlin befindlichen Begräbnisstätte hinweisen. Die »rote Else« wurde 150 Jahre nach ihrem Tod zu einer Reise durchs östliche Berlin in einen Barkas-Zweitakter eingeladen und in die Charité gefahren. Ein Gerichtsmediziner untersuchte sie gründlich, bevor sie wieder in ihre Gruft entlassen wurde. Dieses Ereignis machte die Berliner mit einem Phänomen bekannt, von dem sie bisher nichts wußten: keine fünfhundert Meter von »Unter den Linden« liegen jede Menge Leichen in einem Keller.

So, wie heute die Parochialkirche um Mittel für die Erhaltung und den Wiederaufbau kämpft, war das Gotteshaus schon unmittelbar nach der Gründung darauf angewiesen, neue Geldquellen zu erschließen. Schon bei der architektonischen Planung durch den Baumeister Nehring wurden daher Gruftgewölbe berücksichtigt, die als Begräbnisstätten dienen sollten. Mit den Einkünften aus dem Verkauf von Begräbnisplätzen wollte man einen Teil der Baukosten für die geplante Kirche finanzieren. »...weile nun verschiedene Mitglieder einen ort zum Erbbegräbniß gegen eine recognition, so sie zum bau der Kirche erlegen wollen, verlangen, auch der verstorbene Oberbau-Director Nering Seel. vor seinem ende eine Grabstelle vor seine Leiche gebeten hatt...« heißt es in einem Bittschreiben der Gemeindemitglieder an den Großen Kurfürsten 1697, damit er anläßlich des Todes des preußischen Baumeisters die Aufnahme der Bestattung genehmige. Der Frühverstorbene sollte, obwohl seine Er-

Im 18. Jahrhundert wurde die konservierende Wirkung der Gruftbestattung in der Parochialkirche von Berlin genutzt, um die leere Gemeindekasse zu füllen.

ben genügend Geld in Aussicht stellten, seine letzte Ruhe nicht in seiner Kirche finden, denn der Bau war noch längst nicht abgeschlossen.

Die erste Beisetzung fand 1701, zwei Jahre vor der Einweihung der Kirche, statt. In einem Ledersarg wurde das Gründungsmitglied der Gemeinde, Georg von Berchem, zu Grabe getragen. Bei einer »Inventur« der Grüfte in den vierziger Jahren fand man seinen Sarg. Die Preisliste Anfang des achtzehnten Jahrhunderts sah Einzelplätze vor zum Preis von 50 Talern für Erwachsene und 10 Talern für Kinder. Die besseren Plätze oder ein ganzes der etwa 30 vorhandenen Gewölbe für sogenannte Erbbegräbnisse waren jedoch teuer. So bezahlte Graf Wartenberg 400 Taler. Der Kaufvertrag von 1707 sicherte ihm und all seinen Erben zu, daß die Gemeinde das Gewölbe »bis zu ewigen Tagen in baulichen Würden« erhalten werde. Für Mitglieder des

Presbyteriums und für Gemeindepfarrer gab es beim Preis einen Rabatt. Dennoch findet sich unter den rund vierhundert Bestattungen in der Gruft nur ein Pfarrer.

Belegt ist die rührende Geschichte des Hofrates von Schmettau, der so untröstlich über den Tod seiner Frau war, daß er in ihren Sarg ein herausnehmbares Brettchen einfügen ließ, damit er die Tote bei seinen Besuchen in der Gruft auch anschauen konnte. »Sie erblickte das Licht der Welt den 28. November 1732«, ließ er auf ihr Epitaph setzen, »und starb an einem hitzigen Brustfieber den 15. Februar 1784, nachdem sie ein Alter von 52 Jahren, 2 Monaten und 18 Tagen erlebte.« Ein Journalist, der über die Gruft in der Parochialkirche schrieb, schwärmte noch in den dreißiger Jahren unseres Jahrhunderts in einem Artikel: »An der schmalen Nase, der edelgeschnittenen Form der Stirn und dem kleinen Mund mit den schmalen Lippen erkennt man noch jetzt die Merkmale einstigen Reizes.«

Die mumifizierende Wirkung des Kellergewölbes scheint schon frühzeitig bekannt gewesen zu sein. Dafür spricht sowohl die Tatsache, daß die Toten nicht in Totengewändern, sondern in festlicher Kleidung oder in Uniform bestattet wurden, als auch die Anlage der Luftkanäle, die von einem durchdachten Belüftungskonzept zeugt.

Ohne Achtung vor religiösen Traditionen verfügte in den siebziger Jahren der Berliner Magistrat, daß der Gottesraum als Möbellager vermietet wurde. Und ohne Respekt vor der Totenruhe wurden die Gewölbe unter der Parochialkirche zur Materialsammlung von staatlichen Klempnerbetrieben genutzt. Särge, die zum Teil auseinanderbrachen, wurden mitsamt ihrem Inhalt in einem der Gewölbe zusammengelegt beziehungsweise gestapelt. Anschließend wurde das Gewölbe zugemauert.

Seit dem Untergang der DDR plant man, die Gruft mit den letzten Mumien von Berlin wieder zu öffnen. Aber die

Furcht vor dem »Fluch des Pharao« läßt Pfarrer und Küster, Denkmalschützer und Architekten, die den Wiederaufbau der im Zweiten Weltkrieg zerstörten Kirche mit allen zur Verfügung stehenden Mitteln betreiben, zurückschrecken. Sie setzen keinen Fuß in die Gruft, bis Klarheit über einen unscheinbaren Pilz namens *aspergillus flavus* herrscht. Denn die »Chronik des unangekündigten Todes« um Howard Carter und seine Entdeckung des Grabes von Tut-Anch-Amun im Tal der Könige ist auch den Berlinern bekannt:

Die Chronologie der Ereignisse von 1922 klingt unglaubwürdiger als jeder Groschenroman. Dabei fing es relativ harmlos an. Zur Stunde der Graböffnung wird Carters Kanarienvogel von einer Kobra gefressen. Die Ägypter in Luxor werten das als böses Omen, denn die Kobra war das Schutztier der Pharaonen. Carter hatte einen Gönner, der die aufwendigen archäologischen Grabungen finanzierte, Lord Carnavon. Er läßt es sich nicht nehmen, bei der Graböffnung anwesend zu sein. Sechs Wochen später stirbt er in Kairo an einer doppelseitigen Lungenentzündung. Erste Gerüchte um den »Fluch des Pharao«, dessen Ruhe gestört wurde, kommen in Umlauf. 1924 stirbt, zwei Tage nach dem Besuch im Grab des Tut-Anch-Amun, der kanadische Literaturprofessor La Fleur. Der amerikanische Millionär George Gould besucht das Grab und bricht noch am selben Abend tot zusammen. Der Röntgenologe Archibald Douglas Reed wird, kurz nachdem er die Königsmumie durchleuchtet hat, tot aufgefunden. Der Konservator am Louvre in Paris besichtigt das Grab und stirbt 1926 an einer Lungenentzündung, die er sich im Tal der Könige zugezogen hatte. 1929 rafft der Tod Lady Almina, die Gattin Lord Carnavons, dahin. Andere an der Graböffnung Beteiligte überleben nicht lange, wie der Konservator des Metropolitan-Museums in New

York, A. C. Mace, oder Carters Sekretär, Richard Bethel. Wenn auch erst zwanzig Jahre später, so stirbt doch unter merkwürdigen Umständen Dr. Evelyn White, eine Ärztin, die als eine der ersten die Grabkammer betreten hatte. Sie erhängt sich. In einem Abschiedsbrief ist zu lesen: »Ich sterbe an einem Fluch, der mich gezwungen hat zu gehen.«

Howard Carter selbst war nicht Opfer dieser Todesserie, aber seit Beginn der Grabung litt er an Kopfschmerzen, Kreislauf- und Gleichgewichtsstörungen, die er bis zu seinem Tod im Jahr 1939 nicht mehr loswurde. Den auf scheinbar mysteriöse Weise im Zusammenhang mit einem Besuch des Tut-Anch-Amun-Grabes Verstorbenen muß man allerdings die Vielzahl derer entgegenhalten, die ebenfalls dort waren, aber nicht Opfer des »Fluchs« geworden sind und sich bis ins hohe Alter ihrer Gesundheit erfreuen konnten. Betroffen waren anscheinend Menschen, die ohnehin von schwacher gesundheitlicher Konstitution, vor allem der Lungen, waren. Doch ganz von der Hand zu weisen sind Zusammenhänge mit dem Aufenthalt in den Gräbern, wie ein anderer Fall beweist, nicht.

Als 1973 in Anwesenheit von zwölf Wissenschaftlern die Gruft des Polenkönigs Kasimir in Krakau geöffnet wird, dauert es nicht lange, bis in der Öffentlichkeit erneut vom »Fluch des Pharao« gesprochen wird. Vier Beteiligte sterben bald nach der Öffnung der Gruft, weitere sechs ein paar Jahre darauf. Nur zwei Personen scheinen keinen Schaden genommen zu haben. Einer von ihnen ist der Biologe Professor Boleslaw Smyk, der während und unmittelbar nach der Grabuntersuchung an sich selbst leichte Symptome von Vergiftung registrierte. Er entdeckte an den Knochen des toten Königs Verfärbungen, die er mikroskopisch als Sporen von Pilzen identifizierte: *Aspergillus flavus, penicillium rubrum* sowie *penicillium rugulosum* genannt. Sie befanden sich im Zustand der Anabiose, also biologisch geschwächt.

Professor Smyk konnte nachweisen, daß Sporen dieser Pilze nach mehr als 500 Jahren immer noch lebensfähig waren. Der besonders gefährliche *aspergillus flavus* produziert *Aflatoxine*, die zu den stärksten oral wirkenden krebserregenden natürlichen Substanzen gehören. Endomykosen, innerliche Pilzinfektionen mit Leber- und Lungenschäden, Krebs, Blutungen und Angriffen auf das Zentralnervensystem können die Folge sein. Die reichlich vorhandenen Sporen des *aspergillus flavus* sind, nach Aussagen von Professor Smyk, Ursache für den Tod der Personen, die an der Untersuchung der Gruft teilnahmen. Auch in den Grabkammern Tut-Anch-Amuns haben, sowie die Krankengeschichten der Ausgräber und Besucher darauf schließen lassen, die Sporen der Pilze ihre tödliche Wirkung getan. Dabei spielt der lange Zeitraum des Verschlusses eher eine verstärkende Rolle, wie ein Facharzt für Lungenkrankheiten feststellte. Ob, wie gemutmaßt wird, die alten Ägypter bewußt *aspergillus flavus* im Kampf gegen Grabräuber und Mumienschänder einsetzten, bleibt ungeklärt. Der »Fluch des Pharao«, selbst wenn er als Ausspruch in den Bereich der Legende zu verweisen ist, hat Menschen ereilt, die in den Grabkammern keine hygienischen Vorkehrungen trafen.

Zurück nach Berlin. Um einer gesundheitlichen Gefährdung der an der bevorstehenden Gruftöffnung Beteiligten vorzubeugen, wurde eine Kommission an der Parochialkirche beauftragt, für eine seuchenimmunologische Behandlung der verschlossenen Gruft zu sorgen. Eine mikrobiologische Untersuchung wird sich ihr anschließen. Erst wenn sie erfolgt ist, kann die Gruft geöffnet, eine Bestandsaufnahme gemacht und die mumifizierten Leichname untersucht werden. Man erwartet sich dabei nicht nur ein Wiedersehen mit der »roten Else« und dem in einem Ledersarg beigesetzten Kirchengründer Georg von Berchem, sondern auch kultur- und medizinhistorische Erkenntnisse über die Berliner Bevölkerung seit der Barockzeit.

Die weiße Frau von Gunzenhausen

Im Altmühltal, in dem idyllischen Ort Wald bei Gunzenhausen, steht eine ehemalige Patronatskirche, ein Kleinod spätbarocker Baukunst. Ihre Gruft war für mehr als hundert Jahre Begräbnisort der Freiherren von Falkenhausen. Der erste, der hier zur Ruhe kam, war der Erbauer der Kirche, Hofbaumeister Carl Friedrich von Zochau. Eine Öffnung des schweren Eichensarges ergab, daß er als mumifizierter Leichnam relativ gut erhalten ist. An seiner Haut kleben die zerfallenen Reste der blauen Uniform. Daneben finden sich ebenfalls gut mumifizierte Tote, die nicht eindeutig zu identifizieren sind.

Eine Leiche allerdings muß, nach Kleidung und Überlieferung, die der Falknerstochter Elisabeth Wünsch sein. Sie war die Mätresse und spätere »Ehefrau zur Linken« des Markgrafen Carl Wilhelm Friedrich, der wegen seines ausschweifenden Lebenswandels und Temperaments auch »der wilde Markgraf« genannt wurde. Sie ist die Ahnfrau des Geschlechts der Falkenhausen. Ihr Vater stand in angesehenen Diensten beim Markgrafen, dessen Leidenschaft für die Jagd und die Falknerei noch seine Liebe zu Elisabeth Wünsch übertraf. Die Vernunftehe mit der jüngeren Schwester Friedrichs des Großen, Friederike Louise, geschlossen aus politischer *raison*, hatte den Markgrafen nicht davon abgehalten, eine an Kindern reiche, eheähnliche Bindung zu Elisabeth Wünsch einzugehen.

Nach seinem Tod 1757 wurde er in der Markgrafengruft in Ansbach beigesetzt. Elisabeth einige Jahre später in der neugegründeten Familiengruft in Wald. Ihr Leichnam, ihr weißes Kleid sowie die Schuhe und Reste von Blumen, die mit ins Grab gegeben wurden, sind erstaunlich gut erhalten.

Auf der Suche nach den Ursachen für die Mumifizierung der Toten in der Kirchengruft von Wald sah sich Tassilo von Falkenhausen alte Baupläne genauer an. Sie zeigten, daß die Gruft mit Lüftungsöffnungen so angelegt war, daß ein ständiger Windzug wehte. Als nächstes untersuchte er die Bodenbeschaffenheit. Der Untergrund ist, wegen eines Flüßchens in der Nähe, feucht. Die Gruft wurde mit Tonziegeln gepflastert, die ständig eine gewisse Verdunstungskälte erzeugen und auch im Sommer die Temperaturen konstant halten, bei Wassereinbruch aber ein sofortiges Abfließen ermöglichen. Grabungen am Rande und außerhalb der Gruft

Weibliche Mumie in der Gruft der Kirche von Wald bei Gunzenhausen.

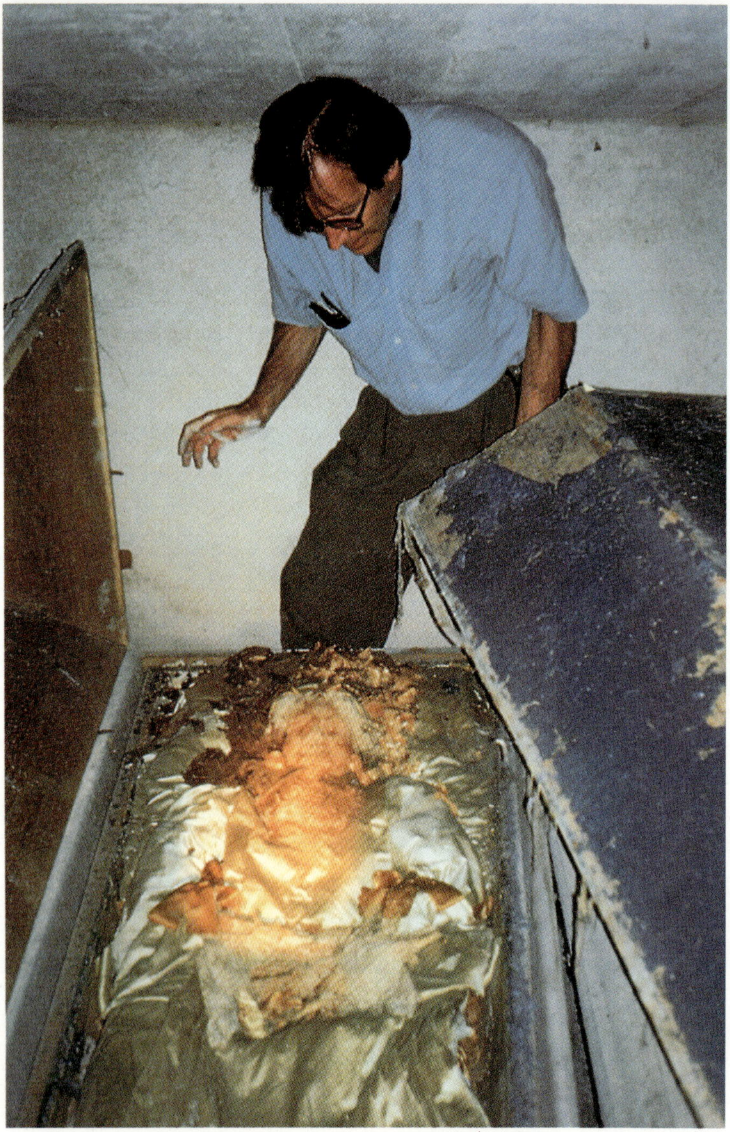

Beim Öffnen der Eichensärge in der Gruft von Wald.

haben ergeben, daß von der Gruft wegführend ein unterirdisches Drainagesystem im Boden liegt, das einen ständigen Ablauf des Wassers erlaubt. Als kürzlich Erdarbeiten an einer Seite der Gruft das alte System zerstörten, stellten sich sofort die Folgen ein: die Särge wurden feucht, sie wurden morsch und begannen zu vermodern. Die in ihnen mumifizierten Leichen fielen nun einem späten Verwesungsprozeß zum Opfer.

Natürliche Mumien – ein universales Phänomen

Die klimatischen und physikalischen Voraussetzungen für eine Mumifizierung sind, sieht man von den besonderen Fällen der im Permafrost konservierten Toten ab, relativ einfach: Trockenheit und eine den Prozeß des Abtrocknens fördernde Luftbewegung. Die in der Kapuzinergruft in Palermo eingerichteten Öfen dienten, angesichts der ohnehin hohen Lufttemperaturen und niedriger Luftfeuchtigkeit, eher der Luftzirkulation als der Erwärmung. Die Indianerstämme Nordamerikas, die ihre Toten auf hohen Holzgerüsten über Feuerstellen aufbahrten, sorgten durch die Feuer für ständigen Luftzug und schnelles Trocken und hielten dadurch zugleich Ungeziefer und Tiere fern.

Die Möglichkeit, Luft in beschränktem Maß zirkulieren zu lassen, boten auch die Hobelspäne, auf die die Toten in den Grüften Europas häufig gebettet wurden. Diese Späne waren aus Eichenholz, das säurehaltig ist. Ähnlich dem Effekt bei der Behandlung von Leder mit Gerbsäure, können diese Späne auch konservierende Auswirkungen auf die menschliche Haut haben. Andere Faktoren, wie die Beschaffenheit der Wände, Böden und Decken, können bei der natürlichen Mumifizierung eine entscheidende Rolle spielen. Hierher gehört auch die Frage der möglicherweise antiseptischen Wirkung von Metallen beziehungsweise Metallsalzen und mineralischen Salzen wie etwa Salpeter im Falle der Mumien im sogenannten Bleikeller von Bremen.

Bei dem Ritter Kahlbutz, dessen Vertrocknung der Volksglaube auf ein Gottesurteil zurückführt, hat möglicherweise seine magere Gestalt, ein Blutsturz vor dem Tod und die Tatsache, daß er unbekleidet beerdigt wurde, den Verwesungsprozeß weitgehend unterbunden. Der Verdacht, eine Arsenvergiftung habe den Körper vor bakteriellem Befall geschützt, hat sich allerdings in einer Untersuchung an der Berliner Charité im Jahr 1983 als unbegründet erwiesen.

Die Zeitschrift »Ärztewoche« veröffentliche kürzlich eine Untersuchung, nach der der Verwesungsprozeß von Leichen heutzutage länger dauert als in früheren Zeiten. Der Grund liegt in unserer Ernährung: die der Nahrung zugesetzten Konservierungsmittel verzögern den natürlichen Zerfall. Auch eine bestimmte wasser- und fettarme Diät, wie im Fall der japanischen Mönche, oder eine starke Behandlung mit Medikamenten vor dem Tod kann eine konservierende Auswirkung auf den Leichnam haben.

Mumien im Computertomographen

In den letzten Jahren hat die Wissenschaft in mehreren Disziplinen wie Anthropologie, Medizin, Geschichte, aber auch in der Archäologie von einer rasanten Entwicklung der Computertechnologie profitiert. Sie erlaubt mit dem Computertomographen, der für medizinische Zwecke erfunden wurde, auch die Untersuchung von Mumien, die dabei unangetastet bleiben können. Der Forscherdrang früherer Jahre und Jahrhunderte hat häufig weit mehr zerstört, als der natürliche Zerfallsprozeß an Schaden hätte anrichten können. Ägyptische Sarkophage wurden aufge-

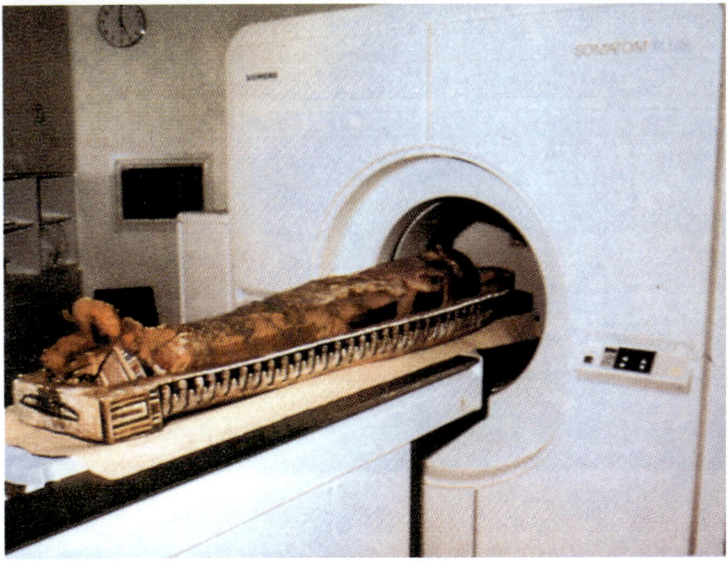

Universitätsklinik Eppendorf in Hamburg. Der Computertomograph ermöglicht die genaue Analyse einer ägyptischen Mumie ohne Öffnung des Mumienschreins.

brochen, ihre Mumien teilweise wie am Fließband auseinandergenommen, die Bandagierungen zerschnitten, die morschen Hauthüllen aufgetrennt und Körperteile abgerissen. Was übrig blieb, war für eine weitere Untersuchung oftmals wertlos.

Mit der Computertomographie können heute, ohne Beschädigung der Toten, Erkenntnisse über Knochenbau, Alter, Krankheiten, Todesursache und Einbalsamierungstechniken gewonnen werden. Der angeschlossene Rechner ist in der Lage, die schichtweise ermittelten Daten so zusammenzusetzen, daß er die plastische Rekonstruktion des untersuchten Objekts ermöglicht. So wurde beispielsweise an der Universität Hamburg der Schädel einer ägyptischen Frauenmumie anhand einer an den Tomographen

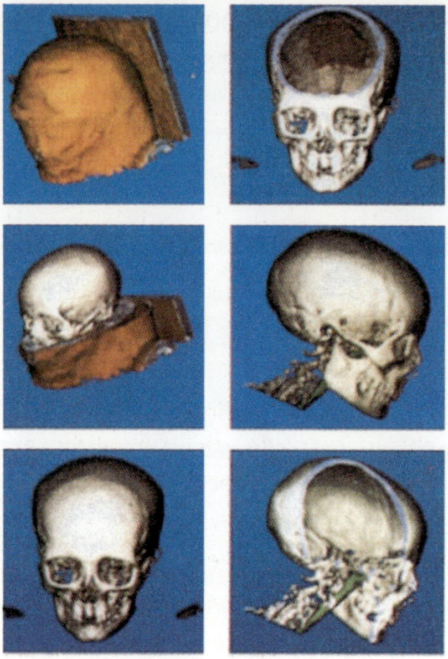

Die mit Hilfe des Computertomographen ermittelten Daten ermöglichen eine dreidimensionale Bildschirm-Rekonstruktion des Schädels der untersuchten Mumie.

angeschlossenen Fräse aus einem Kunststoffblock nach dem Original herausgeschnitten. Mittels weiterer Berechnungen und aufgrund von Durchschnittswerten wurde, nach dem Vorbild der Kriminalistik, die Gewebestärke der Haut über Hals, Nase, Augen und Gesicht rekonstruiert und in Wachs auf den künstlichen Schädel aufgetragen. Die äußere Erscheinung eines Menschen, der vor dreitausend Jahren gestorben war, konnte auf diese Weise noch einmal sichtbar gemacht werden.

Der Schamane im ewigen Eis

Als größte Entdeckung seit Tut-Anch-Amun feierte die wissenschaftliche Welt die Gletschermumie vom Hauslabjoch, »Ötzi« genannt. Im September 1991 stießen Bergwanderer zufällig auf den halb aus dem Eis ragenden Körper eines Menschen aus der frühen Bronzezeit. Der im Dauereis konservierte Tote, der seit seiner Bergung in einer Gefrierkammer der Universität Innsbruck liegt, liefert die bislang sensationellsten Einblicke in eine bedeutende Periode der menschlichen Entwicklung: des Übergangs vom nomadischen Leben zum seßhaften Ackerbau. Vor mehr als 5000 Jahren überraschte den Mann bei einer Bergtour auf dem Tiroler Similaungletscher ein Wetterumschlag, der ihm zum Verhängnis wurde.

Anders als bei gewöhnlichen Grabfunden ermöglicht der Eismann vom Hauslabjoch einen direkten Blick ins alltägliche Leben eines Menschen. Ernährung und Produktionsweise, Handelsbeziehungen und Bewaffnung der alpinen Bevölkerung in der Übergangsphase von der zu Ende gehenden Steinzeit zur Bronzezeit sind für den wissenschaftlichen Betrachter am Körper ablesbar wie in einem aufgeschlagenen Lexikon. Haartracht und Schmuck sowie die mitgeführten Gegenstände und der Ort des Fundes geben Auskunft über eine archäologisch wenig erschlossene Periode der europäischen Frühgeschichte. Anhand der Artefakte sind auch Rückschlüsse auf die Religion möglich. So spricht seine Ausrüstung dafür, daß der Gletscherläufer als Schamane tätig war. Ob ihn der Tod in Erfüllung einer rituellen Mission überrascht hat, bleibt allerdings Spekulation. Man fand einen Feuerstein und Zunder bei ihm, seine Haut trägt eigenartige Tätowierungen, und seine Waffen waren nur zum Teil kampftauglich, dienten also möglicherweise nur rituellen Zwecken.

Der Mann vom Hauslabjoch ist vom Gletschereis so gut konserviert worden, daß zum erstenmal in der Geschichte der Archäologie derart altes menschliches Erbmaterial untersucht werden kann. Wissenschaftler rechnen mit der Möglichkeit, bestimmte Genmerkmale identifizieren zu können, die für das Verhalten nomadisierender Stämme bestimmend sind. Sie könnten eine Erklärung dafür geben, daß noch heute nomadisierende Völker auf biologische Widerstände im eigenen Körper bei der Änderung der Lebensgewohnheiten stoßen. Nach jüngsten Untersuchungen in Australien nimmt man an, daß es 2000

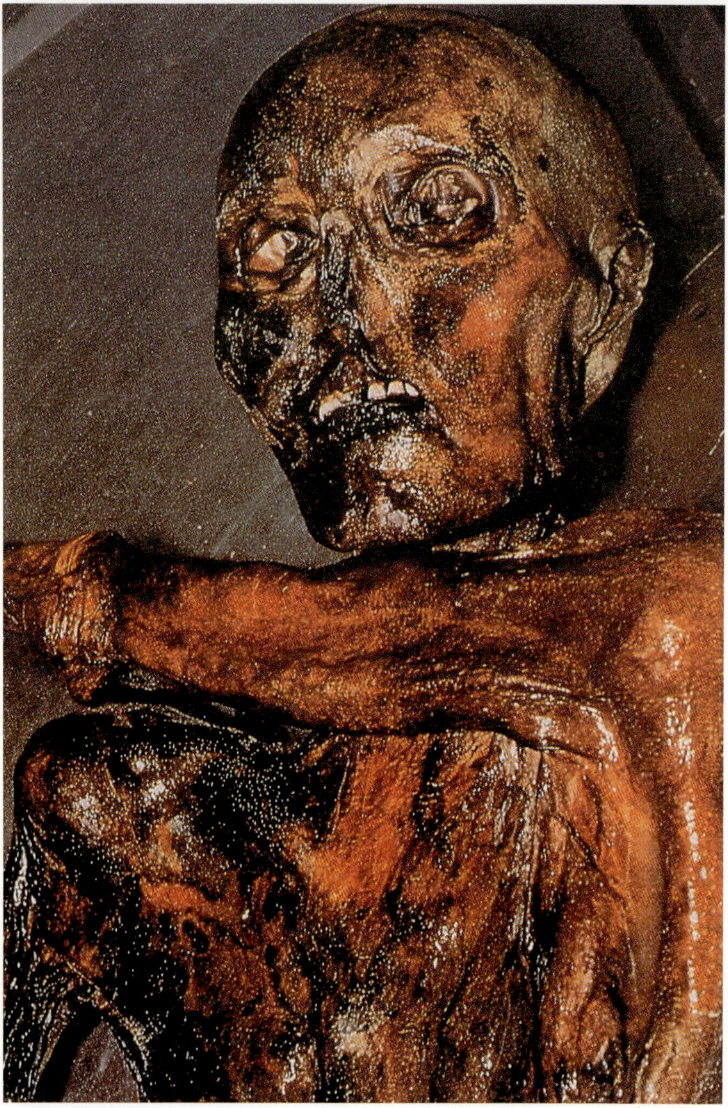

Aus sensationellster Fund seit der Entdeckung Tut-Anch-Amuns wurde die Entdeckung des Eismanns vom Hauslabjoch (»Ötzi«) gefeiert.

bis 2500 Generationen dauerte, bis die nomadischen Lebensgewohnheiten der Aborigines, der Ureinwohner Australiens, in vererblichen Instinkt übergingen. Sie waren Sammler und Jäger. Ackerbau und Viehzucht waren ihnen fremd, weil die Natur auch ohne menschliches Dazutun stets genügend Nahrung bereithielt. Dieses Verhalten, so glauben Wissenschaftler, bestimmt über genetische Anlagen noch heute die Nachkommen, wie die katastrophalen Folgen der Ansiedlungsversuche zeigen. Ob diese Annahme begründet ist, könnten Untersuchungen von Chromosomen des Eismannes enthüllen. Denn bei ihm müßte sich das sogenannte »Nomaden-Gen« in reiner Form nachweisen lassen.

Die Genetiker, die im Herbst 1993 zum zweiten internationalen Austausch der rund 60 Untersuchungsteams zusammenkamen, stellten die Frage nach den steinzeitlichen Genbestimmungen in uns. Anthropologen nehmen an, daß es eine genetische Linie gibt, die sich durch das Erbgut aller Menschen zieht. Wo der Anfang zu suchen ist, ist umstritten. Einige Theorien gehen davon aus, daß er beim zentralafrikanischen Pygmäenstamm der Aka liegt. Gerade in letzter Zeit wird eine Hypothese heftig diskutiert, nach der alle Menschen dieser Welt von einem Ur-Adam oder, eher noch, einer Ur-Eva abstammen. Dieser Mensch lebte im Dschungel zwischen dem Golf von Guinea und den Vulkanketten des ostafrikanischen Großen Grabens im heutigen Kenia.

Die Untersuchungen des Eismannes vom Hauslabjoch sind noch lange nicht abgeschlossen. Schon jetzt ist klar, daß die natürliche Mumifizierung durch das Gletschereis wissenschaftliche Erkenntnisse ermöglicht, die weit über das historische Umfeld des Fundes aus der Übergangsepoche von der Stein- zur Bronzezeit hinausgehen.

Die neuen Mumien – tiefgefroren in die Zukunft

Der größte Teil der Toten in den USA wird heutzutage einbalsamiert und so behandelt, daß der natürliche Verwesungsprozeß – zumindest für eine gewisse Zeit – nicht eintreten kann. Einen rationalen Grund dafür gibt es nicht. Es scheint, daß die Überlebenden sich mit der Endgültigkeit des Abschieds von der Erde nicht abfinden können.

Eine neue Wissenschaft ist auf dem Vormarsch: die *Kryologie*, die Wissenschaft von der gefrorenen Materie. Von Mikroorganismen, aber auch von Fischen ist bekannt, daß sie unter bestimmten Voraussetzungen zeitliches Einfrieren überleben. In der Antarktis haben Wissenschaftler Bakterien untersucht, die zehntausend Jahre Frost überstanden haben. Die Körper der Sterbenden oder gerade Verstorbenen – der Zeitpunkt der Feststellung des Todes ist von juristischer, aber vor allem auch ethischer Bedeutung – werden in eigens konstruierten Kammern tiefgefroren, um einst in der Zukunft, wenn die Wissenschaft so weit sein kann, zu neuen Leben aufgetaut zu werden.

Pionier auf diesem Gebiet war der 1968 an Krebs gestorbene Psychologe Professor James Bedford, der sich unmittelbar nach dem Tod einer gerinnungshemmenden Behandlung des Blutes unterziehen ließ. Dann wurde der Brustkorb geöffnet und eine Herzmassage eingeleitet, um den Blutkreislauf aufrecht zu erhalten. Eine Herz-Lungenmaschine wurde angeschlossen. Der Blutaustausch mit einem bestimmten Flüssigkeitsgemisch sollte die Kristallierung der Zellsubstanzen während des anschließenden Einfrierens auf -196° Celsius verhindern. Untersuchungen haben jedoch ergeben, daß sich erhebliche organische Schäden nicht vermeiden lassen. Die Ironie des Schicksals wollte es, daß trotz Bedfords Vermächtnisses die Elektrizitätsrechnung nicht bezahlt wurde, weil der Bestattungsunternehmer mit dem Geld durchgebrannt war. Der Versuch scheiterte an der abgeschalteten Eismaschine.

Hinter der modernsten Form der Beerdigung, der »Gefrierbestattung«, steht die Hoffnung, daß heute noch tödliche Krankheiten heilbar werden, so daß der aufgetaute Leichnam, zum Leben zurückkehrt, gesunden und weiterleben kann. Auf diese Weise hätte der Mensch unserer Tage erreicht, was schon das Ziel der alten Ägypter war: mit der Unsterblichkeit des Körpers den Tod zu besiegen.

Dr. Gottfried Kirchner

Jahrgang 1940. Studium der Germanistik, Kunstgeschichte und Archäologie. Dozent an der Universität Mainz, seit 1971 beim ZDF. Zahlreiche Filme über kunst- und kulturhistorische Themen. 1977 und 1978 Journalistenpreis des Deutschen Nationalkomitees für Denkmalschutz. Konzipierte 1981 die Fernsehserie TERRA-X. Seine fünf TERRA-X-Bücher wurden Bestseller.

Hartmut Schoen

Jahrgang 1951. Seit 1980 freier Filmautor, Regisseur und Produzent. Bundesfilmpreis 1982, Filmpreis der Europäischen Gemeinschaft 1985, Bayerischer Fernsehpreis 1991, Adolf-Grimme-Preis 1988 und 1991.

Jens-Peter Behrend

Jahrgang 1945. Studium der Soziologie, Amerikanistik und Theaterwissenschaft. Von 1974 bis 1980 Redakteur beim Sender Freies Berlin, danach freiberuflich tätig als Autor und Regisseur zahlreicher Fernsehdokumentationen und Fernsehspiele.

Eike Schmitz

Jahrgang 1944. Studium der Klassischen Philologie und Anglistik. Lehrtätigkeit an der Cornell University, USA, und an der Technischen Universität Berlin bis 1981. Seitdem freiberuflich tätig als Autor und Regisseur von Fernsehdokumentationen.

Die Geister vom Fluß der Gräber

Abadía Morales, Guillermo: Compendio General de Folklore Colombiano. Bogotá 1977
Acevedo Latorre, Eduardo: El Rio Grande de la Magdalena. Bogotá 1981
Acosta H., Julio: Reseña histórica de la navegación por el Rio Magdalena. Manual del Navegante. Barranquilla 1945
Bastian, Adolf: Die Culturländer des alten America, Bd. 1. Berlin 1878
Gamboa Hinestrosa, Pablo: La escultura en la sociedád agustiniana. Bogotá 1982
Gomez Picón, Rafael: Magdalena, Rio de Colombia. Bogotá 1945
Hettner, Alfred: Reisen in den colombianischen Anden. Unveränderter Neudruck des 1888 erschienenen Werkes. Stuttgart 1969
Humboldt, Alexander von: Die Wiederentdeckung der Neuen Welt. Erstmals zusammengestellt aus dem unvollendeten Reisebericht und den Reisetagebüchern, hrsg. von Paul Kanut Schäfer. München 1992
Kirchner, Gottfried: TERRA-X. Eldorado. Suche nach dem Goldschatz. München 1988
Lehmann, F. Rudolf: Nachruf auf K. Th. Preuss; in: Zeitschrift für Ethnologie, 71. Jhg., Berlin 1940, S. 145 – 150
Llanos Vargas, Hector: Arqueología de San Agustín. Pautas de asentamiento en el cañón del Rio Granates – Saladoblanco. Bogotá 1988
Mesa, Darió: Manual de Historia de Colombia, 3 Bde., Bogotá 1980
Nachtigall, Horst: Die amerikanischen Megalithkulturen. Berlin 1958
Naranjo Martínez, Enrique: Escarceos Históricos. Bogotá 1956
Pérez, Felipe: Jeografía física i política de los Estados Unidos de Colombia, 2 Bde., Bogotá 1863
Posada Carbo, Eduardo: Bongos, champánes y vapores en la navegación fluvial colombiana del siglo XIX; in: Boletín Cultural y Bibliográfico de la Biblioteca Luis Angel Arango, Bd. 2 – 6, Nr. 21, Bogotá 1989
Preuss, Konrad Theodor: Reisebrief aus Kolumbien; in: Zeitschrift für Ethnologie, 46. Jhg., Berlin 1914, S. 106 – 113
Preuss, Konrad Theodor: Abhandlungen und Vorträge. Bericht über meine archäologischen und ethnologischen Forschungsreisen nach Kolumbien, in: Zeitschrift für Ethnologie, 52. Jhg., Berlin 1921, S. 89 – 128
Preuss, Konrad Theodor: Religion und Mythologie der Uitoto. Textaufnahmen und Beobachtungen bei einem Indianerstamm in Kolumbien, Südamerika, 2 Bde, Göttingen 1921/23
Preuss, Konrad Theodor: Forschungsreise zu den Kágaba. Beobachtungen, Textaufnahmen und sprachliche Studien bei einem Indianerstamme in Kolumbien, Südamerika. Mödling b. Wien 1926
Preuss, Konrad Theodor: Monumentale vorgeschichtliche Kunst. Ausgrabungen im Quellgebiet des Magdalena in Kolumbien und ihre Ausstrahlungen in Amerika, 2 Bde., Göttingen 1929

Preuss, Konrad Theodor: Grab eines Urwelttieres; in: Saarbrücker Landeszeitung vom 13.4.1932

Reichel-Dolmatoff, Gerardo: San Agustín. A Culture of Colombia. London 1972

Sotomayor, María Lucía und María Victoria Uribe: Estatuaria del Macizo Colombiano. Bogotá 1987

Santa Gertrudis, Fray Juan de: Maravillas de la Naturaleza, 2 Bde., Bogotá 1966

Stöpel, Karl Theodor: Südamerikanische Prähistorische Tempel und Gottheiten. Ergebnisse eigener Ausgrabungen in Ecuador und Südkolumbien. Frankfurt a. M. 1912

Stübel, Alphons: Die Vulkanberge von Colombia. Nach dessen Tode ergänzt und hrsg. von Theodor Wolf, Dresden 1906

Tirado Mejia, Alvaro: Colombia en la repartición imperalista (1870/1914). Medellin 1976

Yépez Chamorro, Benjamin: Estatuaria Murui-Muinane. Simbolismo de la Gente »Huitoto« de la Amazonía Colombiana. Bogotá 1982

Das Logbuch der Bounty

Bligh, William: Log of the proceedings of His Majesty's Ship Bounty on a Voyage to the South Seas; 1787 – 1789; Original autograph manuscript, Public Records Office, London

Bligh, William: Voyage in the *Bounty's* Launch from the ship to Tofua & from thence to Timor; Original autograph manuscript, 17. Juni 1789, National Library of Australia, Canberra

Bligh, William: Remarks on Court Material; Original autograph manuscript, 18. September 1792, Mitchell Library, Sydney

Egan, Elizabeth: Mutiny on the Bounty. Sydney, o. J.

Hough, Richard: Captain Bligh and Mr. Christian. London 1988

Kennedy, Gavin: Bligh. London, Duckworth 1978

Mackaness, George: The Life of Vice-Admiral William Bligh. Sydney 1931

Meissner, Hans-Otto: Inseln der Südsee. München 1987

Weissbach, Marianne und Ulrich: Handbuch Südsee. Dormagen 1992

Mumien – Botschafter fürs Jenseits

Ariès, Phillipe: Geschichte des Todes. München 1980

Berg, Steffen; Rolle, Renate u.a.: Der Archäologe und der Tod. München 1981

Cockburn, Aidan und Eve: Mummies, Disease and Ancient Culture. Cambridge 1980

Frozen Tombs. The Culture and Art of the Ancient Tribes of Siberia. Ausstellungs-Katalog. London, British Museum, 1978

Germer, Renate: Mumien. Zeugen des Pharaonenreichs. Zürich/München 1991

Gold der Steppe. Archäologie der Ukraine. Ausstellungskatalog hrsg. v. Renate Rolle, K. Wille u.a. Neumünster 1991

Helmers, Sabine: Tabu und Faszination. Berlin 1989

Höpfel, Frank; Platzer, Werner; Spindler, Konrad (Hrsg.): Der Mann im Eis. Innsbruck 1991

Leca, Ange-Pierre: Die Mumien. Zeugen ägyptischer Vergangenheit. Düsseldorf 1982

Mumie und Computer. Ausstellungskatalog hrsg. v. Rosemarie Drenkhahn und Renate Germer, Kestner-Museum. Hannover 1992

Needham, Joseph: Science and Civilization in China. Cambridge 1974

Peik, Arno und Eberhard Thiem: Der Fluch des Pharao; in: Kirchner, Gottfried (Hrsg.): Terra-X/Neue Folge. Frankfurt/M. 1986

Rácek, Milan: Die nicht zu Erde wurden. Kulturgeschichte der konservierenden Bestattungsformen. Wien 1985

Rolle, Renate: Die skythenzeitlichen Mumienfunde, in: Höpfel u.a., a.a.O.

Rudenko, S.I.: Frozen tombs of Siberia. Berkely 1970

Suche nach Unsterblichkeit. Ausstellungskatalog Roemer- und Pelizaeus. Museum Hildesheim. Mainz 1990

Bildnachweis

Die Geister vom Fluß der Gräber

Jupp Fachinger 6, 27u., 35ff., 41, 45, 46u., 47, 51, 54, 57, 58ff., 61, 65f., 69, 71, 76o. M., 78, 80f., 82/83, 85, 87

Gottfried Kirchner 11, 24f., 28f., 32, 38/39, 42f., 50, 51o., 53, 63, 70, 74f., 90/91

Arno Scheffler 31

Klaus Stuhl 18/19, 21, 46o., 93f., 97, 110

Das Logbuch der »Bounty«

Hans-Dieter Hofrath 102/103, 126, 140, 142

alle übrigen Abbildungen Hartmut Schoen

Mumien – Botschafter fürs Jenseits

Alain Dragesco 164

Pelizaeus-Museum, Hildesheim 169

Kestner-Museum, Hannover 209f.

Kenneth Garrett 212

alle übrigen Abbildungen Atlantis-Film

Register